AF227145

DISCOURS

PRONONCÉ PAR

S. EX. M. JUAN BRAVO MURILLO

DANS

LA SÉANCE DE LA CHAMBRE DES DÉPUTÉS ESPAGNOLS

DU 30 JANVIER 1858.

PARIS

IMPRIMERIE CENTRALE DE NAPOLÉON CHAIX ET Cⁱᵉ.

Rue Bergère, 20, près du boulevard Montmartre.

1857

1858

Le discours que l'on va lire a été prononcé par suite des excitations que pendant six jours consécutifs plusieurs députés avaient adressées à diverses reprises à M. Bravo Murillo, afin de lui faire déclarer s'il persistait dans les projets de réforme constitutionnelle annoncés par le cabinet dont il fut le chef en 1852, ou s'il entendait y renoncer définitivement.

Les auteurs de ces interpellations leur donnaient tous pour motif la crainte répandue, selon eux, dans les esprits de voir ces projets se reproduire à un degré quelconque ; ils alléguaient aussi la nécessité de déterminer la position respective des partis et des hommes dans la Chambre des députés; et, enfin, l'obligation où se trouvait M. Bravo Murillo d'expliquer sa pensée politique actuelle et ses intentions pour l'avenir. Tel était l'état de la discussion sur le projet de réponse au discours du trône, lorsque M. Bravo Murillo, montant à la tribune, prononça le discours que nous reproduisons ici, en y joignant quelques notes dont l'objet est moins de faire valoir que de développer plusieurs idées que l'orateur avait exposées trop brièvement, ou avait même entièrement omises, pour ne pas abuser de l'attention de la Chambre.

Messieurs les Députés,

C'est la première fois que je viens me placer à cette tribune pour parler comme député; mais une indisposition m'empêche en ce moment d'élever suffisamment la voix, et je crois que c'est d'ici que je pourrai le mieux me faire entendre (1).

J'ai demandé la parole pour appuyer le projet de la commission. J'ai aussi à répondre à quelques-unes des nombreuses allusions personnelles qui m'ont été adressées, et je commencerai même par là, quoique dans la suite de mon discours je doive sans doute être amené à m'en occuper encore.

La Chambre ne peut avoir oublié la fréquence et la multiplicité de ces allusions. Elles m'ont été adressées sous diverses formes par M. Santa-Cruz, par M. Martinez de la Rosa, par M. Illas y Vidal et par M. Modesto Lafuente, ainsi que par d'autres honorables membres dont les noms ne sont pas présents en ce moment à ma mémoire.

M. Santa-Cruz, parlant des projets de réforme constitutionnelle de 1852, a regardé comme indispensable que l'un des auteurs de ces projets vînt donner des explications à cet égard, en déclarant nettement et catégoriquement si nous y persistions ou si nous y avions absolument renoncé. Il a même ajouté que cette obligation m'était plus spécialement dévolue, par cette considération que j'avais été appelé à l'honneur de présider la Chambre.

M. Martinez de la Rosa, développant la même idée, a dit que le silence gardé

---

(1) De tout temps, les orateurs des assemblées politiques en Espagne ont parlé debout de leur place; mais lorsque, il y a huit ans, on construisit le palais actuellement occupé par la Chambre des députés, la salle des séances fut disposée à l'instar de celle du Corps législatif en France, de façon que les orateurs parlassent dorénavant de la tribune placée à l'hémicycle. Cette innovation était d'ailleurs commandée par les conditions acoustiques du local, car il faut absolument que les orateurs s'y placent à la tribune pour bien se faire entendre. Cependant l'usage a été plus fort que la pensée de l'architecte, et les députés, au risque de n'être qu'imparfaitement entendus, ont continué à parler de leur place. Aussi la tribune est-elle réservée exclusivement aux ministres, aux rapporteurs des commissions et aux secrétaires chargés de donner lecture des projets de loi et des communications officielles. C'est ce qui explique pourquoi M. Bravo Murillo s'est trouvé dans la nécessité d'énoncer le motif de sa présence à la tribune.

par les auteurs du projet de réforme exerçait une véritable pression sur l'atmosphère politique.

M. Illas y Vidal a parlé de projets réactionnaires, et même d'*absolutistes honteux*.
En dernier lieu, M. Modesto Lafuente, car je ne me rappelle pas qu'il y ait eu quelque
trait spécial contre moi dans l'opinion de M. Gonzalez de la Vega, qui a développé le
même thème, M. Modesto Lafuente m'a jeté comme une menace l'allégorie du
sphinx.

Je ferai d'abord à ces honorables membres une réponse collective, me réservant
de réfuter séparément les arguments de chacun d'eux, et je leur dirai que, selon moi,
nul homme politique ne saurait être sommé de s'expliquer sur des systèmes ou
projets politiques, à moins de se trouver placé dans l'une des circonstances suivantes :

Être appelé par la couronne à faire partie d'un ministère ;

Avoir été nommé ministre, et devoir se présenter devant les Cörtès ;

Faire pour son compte de l'opposition à un cabinet, en opposant des principes, une doctrine, un programme, à la doctrine, aux principes, au programme,
adoptés ou soutenus par ce ministère.

Je dirai maintenant à M. Martinez de la Rosa que je ne vois pas comment le
silence d'un homme qui n'est placé dans aucune de ces trois catégories peut
peser sur l'atmosphère politique ; Sa Seigneurie aura sans doute une manière dif-
férente de la mienne d'apprécier les faits.

Je dirai à M. Illas y Vidal que je lui laisse toute liberté de qualifier comme
il voudra les hommes qui ont fait partie de l'administration de 1851-52, moi tout
le premier ; libre à lui de juger nos doctrines, nos opinions et jusqu'à nos pensées ;
mais ce qu'il ne pourra dire sans exciter le rire ou l'indignation de ceux qui nous
connaissent, c'est qu'aucun de nous, que nous soyons absolutistes ou tout ce
qu'on voudra, ait déguisé son opinion.

Ce que j'ai été, je l'ai toujours été au grand jour ; je parle au milieu d'une
assemblée dont les membres ont pour la plupart appartenu à d'autres législatures ;
ceux même qui siégent pour la première fois sur ces bancs, sont des hommes
publics qui connaissent l'histoire de notre pays. Qu'ils interrogent leur conscience,
elle leur répondra que si les hommes de l'administration de 1851 et 1852 ont péché
par un excès quelconque, ce fut par excès de franchise. Je répète que je n'ai jamais été absolutiste, ni quoi que ce soit, d'une façon déguisée ; tout à l'heure
j'expliquerai à M. Vidal, qui paraît l'ignorer, ce que c'est que mon absolutisme.

Je dirai enfin à M. Modesto Lafuente, qui semble redouter pour moi le sort du
sphinx se brisant la tête parce que son énigme avait été devinée, que la crainte
qu'il éprouve, jointe à un sentiment de charité, est une des raisons qui m'engagent
à calmer son agitation et celle de ses collègues, en m'expliquant sur les points
qui leur causent tant d'anxiété.

J'ai dit, Messieurs, que je ne me trouve dans aucune des trois situations qui peuvent contraindre un homme politique à s'expliquer sur les opinions qu'il a professées, sur les systèmes qu'il a pu soutenir. Je ne suis pas appelé par la couronne à faire partie d'un ministère ; je me suis trouvé dans ce cas il y a quelque temps, mais alors, Messieurs, j'ai franchement et loyalement exposé à Sa Majesté quels étaient la politique et les principes que je croyais devoir être suivis par le ministère dans les circonstances actuelles ; j'ai en même temps posé les conditions formelles sans lesquelles il m'était impossible d'entrer dans aucune combinaison ministérielle. Il m'est donc permis de m'étonner que M. Martinez de la Rosa, que je dois supposer parfaitement instruit sur tout ce qui s'est passé en la présence auguste de S. M., ait pu dernièrement parler ici de mon silence et en conclure que ce silence pesait sur notre atmosphère politique. Je ne suis pas aujourd'hui dans la même situation ; quand je m'y suis trouvé, j'ai rempli mon devoir pleinement et loyalement, comme je fais en toute occasion.

Je ne me trouve pas non plus dans le second cas, celui d'avoir été désigné par la reine pour entrer dans ses conseils. Si j'eusse été placé dans cette situation, dès le premier jour je serais venu me présenter devant les députés de la nation, et je leur aurais fait connaître, comme l'a fait le ministre qui siége.avec honneur sur ce banc, la marche politique que je me serais proposé de suivre.

Enfin je ne saurais être considéré comme étant dans le troisième des cas énumérés, celui où, faisant partie d'une opposition quelconque, j'aurais assumé sur moi la responsabilité de soutenir contre les ministres une lutte de principes ou de système. Je n'ai jamais appartenu et je n'appartiendrai jamais à l'opposition tant qu'un ministère conservateur sera à la tête des affaires.

Je me trouvais en France, Messieurs, pendant la malheureuse période que nous avons traversée de 1854 à 1856; j'y vivais complétement retiré des affaires publiques. J'eus plusieurs fois occasion à Paris de m'entretenir avec ceux de mes compatriotes qui séjournaient également dans ce pays ou que le hasard y avait amenés, et parmi ceux qui aujourd'hui nous écoutent dans cette enceinte, il s'en trouve plusieurs auxquels j'ai déclaré, avec ma franchise habituelle, que dans le cas, prévu dès lors et réalisé depuis pour le bonheur de notre patrie, où le parti proscrit à cette époque reprendrait la direction des affaires, je ne ferais d'opposition à aucun ministère sorti des rangs du parti conservateur, non plus qu'à aucun cabinet qui gouvernerait selon les principes conservateurs.

J'ai fait plus, Messieurs : avant la formation du cabinet présidé par M. le duc de Valence, et alors qu'existait encore celui à la tête duquel était M. le comte de Lucena, j'ai déclaré que si ce ministère continuait à subsister et que je fusse appelé à exercer les fonctions de député, je me serais tenu à ses côtés, je me serais fait un devoir de ne point lui susciter la moindre opposition tant qu'il aurait gouverné selon les principes du parti conservateur. Depuis, j'ai annoncé que je suivrais la même ligne de conduite à l'égard du cabinet présidé par M. le duc de Valence. Or la conduite que j'ai tenue depuis témoigne hautement, Messieurs, combien j'ai été fidèle à ma parole.

J'aurais agi de la même manière à l'égard du ministère présidé par le général Armero, j'agirai d'après les mêmes principes avec le cabinet actuel, et, je le répète encore, ma conduite sera identique à l'égard de tout ministère appartenant au parti conservateur et gouvernant le pays d'après les traditions de ce parti.

J'avais déclaré, en outre, et je me fais un vrai plaisir de le répéter aujourd'hui à cette tribune, que je croyais être personnellement dans une situation telle, qu'il ne m'était pas possible de servir d'une manière plus efficace et plus sûre les véritables intérêts de mon pays qu'en me tenant à l'écart et complétement éloigné des affaires publiques, qu'en faisant au sentiment du devoir l'hommage de mon abnégation, de l'abnégation la plus complète et la plus absolue. Il se peut que d'autres comprennent différemment leurs devoirs, d'après des idées et des opinions différentes ; quant à moi, ma pensée, mes sentiments sont ceux que je viens d'exprimer. J'ai cru pouvoir servir beaucoup mieux le Trône et nos institutions en restant éloigné du pouvoir : telle a été ma conviction, et je compte bien y persévérer.

Du moment où ma situation comme homme public est si claire, si précise, que nul ne l'ignore ou ne peut la contester, pourquoi me demander à moi, ainsi qu'à mes collègues de 1851-1852, si nous persistons dans les projets de réforme de cette époque, ou si nous y renonçons et si nous les abandonnons ?

Persister dans ces projets, a dit M. Santa-Cruz (et son opinion paraît avoir été admise par les autres orateurs qui ont parlé sur le même sujet), c'est se rendre impossible ; y renoncer, c'est se rétracter, c'est faire ce qu'un homme politique placé dans de certaines conditions ne fait jamais. Voilà pourquoi, disent-ils, nous demandons des explications.

Je répondrai donc à ces messieurs en leur déclarant que parler comme ils l'ont fait, c'est ou prendre une décision sur une demande qui n'existe pas, ou rendre un arrêt sur une procédure inquisitoriale.

Raisonner ainsi dans un tel but, c'est me forcer à interroger à mon tour. Pourquoi la décision s'il n'existe pas de demande ? S'agit-il ici d'aspirer au pouvoir ? Qui le demande ? qui a cette prétention ? qui est-ce qui paraît le désirer ? Les hommes de 1851 et 1852 sont-ils appelés à diriger les affaires dans l'une de ces deux hypothèses : d'admettre ou d'abandonner les projets de réforme dont il fut alors question ? A quoi bon une décision ? Ces hommes vous demandent-ils le pouvoir ? Je le répète encore une fois, vous voulez statuer de force sur une prétention qui n'existe pas. Vous me montrez votre décision ; moi je vous demande où est la requête ; où, par qui et comment vous a-t-elle été présentée ?

Mais si votre décision a été prise sans qu'il y eût de demande formée, ce n'est pas même une décision ; ce n'est qu'une procédure inquisitoriale. Les auteurs de ces interpellations ignorent-ils donc que toutes ces demandes d'explications, ces questions, ces exigences sont absolument dépourvues de but et d'objet ? Dois-je parler de la crainte que manifestent mes honorables contradicteurs ? Que craignent-ils, en effet ? Que moi, simple député, j'aille mettre en pratique les projets de réforme de 1852 ? Mais comment ? De quelle manière pourrais-je le faire ? Sera-ce comme ministre ? Je n'en ai pas le titre. J'en demande bien pardon à ceux auxquels s'adresse ma réponse, mais leur question dans les conditions et dans les circonstances où ils l'ont posée, me paraît absurde, pour ne pas dire ridicule. Combien de réponses ne comporte pas cette demande, sans qu'il soit besoin d'entrer dans le fond même de la question, sans qu'il soit nécessaire de répéter ici ce qu'il est inutile de dire en ce moment sur nos pensées ou sur nos croyances politiques, sans qu'il soit nécessaire enfin de se rendre ridicule, car ce serait se vouer à la risée de tous que de répondre directement à la question ainsi posée. La demande en effet s'applique non pas à ce que je pense en ce moment, mais à ce que je pourrais penser et faire dans le cas où j'arriverais au pouvoir. Eh bien, je le demande, quel est celui de ces messieurs qui, la main sur le cœur et ayant la conscience de son patriotisme et de son dévouement au bien du pays, serait capable de dire : A telle époque que je ne puis préciser, dans de telles et telles circonstances maintenant complétement inconnues, je ferai telle ou telle chose !

Il en est des projets de réforme de 1852 comme de la constitution de 1812, comme du statut royal de 1834, comme de la constitution de 1837, comme de celle de 1845, comme de la réforme de 1857, comme enfin de toutes les constitutions possibles et de toutes les réformes à venir : elles ont toutes leurs défauts, dans aucune d'elles on ne saurait trouver la perfection, parce que la perfection n'appartient qu'à Dieu et ne se trouve que dans ses œuvres. Par conséquent, demander à un homme s'il persévère dans les idées qu'il avait il y a cinq ans, et telles qu'il les avait alors, ou s'il les abandonne et si par là il se met en contradiction avec lui-même, c'est, je le répète, poser une question illogique.

Il m'est impossible de parler aujourd'hui des projets de 1852, parce que je ne suis pas en position de me demander si ces projets seraient ou non de nature à être proposés de nouveau. Si je me trouvais dans cette situation, je ne sais quelle serait ma manière d'envisager les choses ; mais toujours est-il que je penserais que le bien absolu ne peut exister que dans les œuvres de Dieu.

Il se peut que dans la suite de ce discours (car j'ai demandé la parole et je vais en user pour soutenir le projet de la commission), il surgisse quelque incident qui ait directement trait à ce que je viens de dire. Pour le moment, je vais parler en faveur du projet, et je préviens la Chambre qu'il existe entre ces deux sujets une coïncidence remarquable.

Au mois de mai de l'année dernière, nous étions tous réunis dans cette même enceinte ; la législature venait de s'ouvrir ; on abordait la discussion de l'adresse en réponse au discours de la couronne : je crus alors que je serais contraint de prendre la parole, et ce qui me le fit croire ce fut une allusion toute bienveillante de M. Rios Rosas, allusion dont je lui fus, on ne peut plus reconnaissant, lorsque cet honorable membre, parlant des projets de réforme de 1852, dit que la bannière arborée à cette époque était reployée, ou que du moins les auteurs de cette même réforme la regardaient comme telle.

J'appréhendai dès ce moment de me voir obligé de prendre part à la discussion ; je dis que je l'appréhendais, parce que je désirais ne pas le faire. Je ne voulais pas prendre la parole dans la crainte qu'une seule de mes expressions pût être considérée comme indiquant une divergence d'idées avec celles du gouvernement, et plus encore dans la crainte qu'on ne cherchât à y voir l'indication d'une opposition au ministère du duc de Valence. Je redoutais aussi que l'on pût me soupçonner ou m'accuser d'aspirer au pouvoir dans un but quelconque. Cette double crainte me ferma la bouche et fut cause que je gardai le silence pendant toute la discussion et tant que dura la session dernière.

Mais dans le cours de cette discussion, je pris quelques notes, et ces notes vont aujourd'hui me servir de guide ; je les abrégerai cependant, car il y en a plusieurs qui ont nécessairement perdu de leur opportunité, quoique la plupart constituent des maximes applicables à tous les temps.

Je voulais dire alors quelle était, pour ma part (car je déclare que je ne parle ici au nom d'aucune des honorables personnes qui firent partie avec moi du cabinet de 1851 et 1852, que je parle exclusivement pour mon compte ; que je ne me suis concerté ni n'ai reçu mandat de représenter aucun de mes ex-collègues) ; je voulais, dis-je, expliquer, en réponse à la bienveillante allusion de M. Rios Rosas, quelle était pour ma part l'attitude qui convenait aux membres de l'administration de 1851 ; mon attitude était dès lors ce qu'elle est aujourd'hui : elle se résume dans la ferme volonté de prêter un concours loyal à tout gouvernement conservateur. Je suis, je le répète, résolûment déterminé à appuyer sans arrière-pensée intéressée tout ministère conservateur, et par conséquent le cabinet actuel. Je m'imposais cependant, Messieurs, le silence, au risque de le voir interpréter défavorablement, au risque de l'entendre qualifier de funeste, parce que je ne voulais pas que mes paroles pussent être interprétées dans le sens que je viens d'indiquer, parce que je ne voulais pas que l'on pût prétendre que je faisais de l'opposition ou que je dirigeais mes yeux vers le pouvoir.

Je proteste aujourd'hui, comme je l'aurais fait à cette époque, si j'avais pris la parole, qu'en énonçant les idées que je vais avoir l'honneur d'exposer à la Chambre, je n'ai d'autre mobile que l'espoir de les voir accueillies, si elles paraissent bonnes.

Toutes ces réserves faites, je me proposais de dire, puisque l'on proclamait l'oubli du passé, que j'approuvais moi-même hautement cet oubli, pourvu toutefois qu'il dût s'entendre des faits qui ont pu contribuer plus ou moins directement à amener la situation où l'Espagne a été précipitée en 1854, et dont la durée s'est prolongée pendant les années 1855 et 1856; mais j'aurais ajouté que je regardais comme indispensable que, loin d'être relégué dans l'oubli, le souvenir de ces événements fût sans cesse présent à la mémoire du gouvernement, du sénat, du congrès, des ministres, et enfin de tous les hommes d'État appelés à exercer une influence quelconque sur les affaires publiques; car ces événements renferment une bien triste leçon à l'adresse de tout le monde, et, pour ma part, je ne les rappellerai jamais en tant qu'ils peuvent se rapporter aux causes qui ont amené la dernière révolution, et dont il n'est permis d'invoquer qu'un seul souvenir, celui de la lutte à jamais glorieuse de juillet 1856, de la grande bataille livrée pour sauver le trône, les institutions, la société et l'ordre public.

Ce grand événement, je n'ai pu l'oublier, Messieurs, je ne l'oublierai jamais; de même qu'à l'égard de certains faits dont nous avons été témoins, je voudrais qu'il fût toujours présent à la mémoire du gouvernement et des représentants du pays; car comment pourrions-nous oublier qu'au sein de ce pays essentiellement monarchique et catholique, on a mis en discussion, dans cette même enceinte, l'existence du trône, celle de la dynastie et de l'unité de notre foi religieuse? Et ne croyez pas, Messieurs, que j'évoque ce souvenir pour rappeler celui des personnes qui ont provoqué une semblable discussion, pour prendre à partie les opinions qui se sont alors produites, non plus que les votes qui ont été émis; rien de tout cela n'est dans ma pensée. Rappelons-nous seulement que dans notre pays on est arrivé à mettre en question et à faire dépendre du résultat d'un vote, le trône, la monarchie et l'unité de la religion. Voilà le fait qui doit être à jamais présent à la mémoire de quiconque est appelé à prendre part au gouvernement du pays, et ce ne sont pas seulement les ministres qui y prennent part, mais aussi les représentants de la nation.

Il était essentiel, Messieurs, de rappeler tout ce que je viens de dire, pour bien comprendre la cause des agitations au milieu desquelles l'Espagne a vécu pendant cette triste période de notre histoire. Maintenant je n'entrerai pas dans les détails de cette situation, non plus que dans l'analyse des causes secondaires de la perturbation générale. Il est évident pour tout le monde que nous étions arrivés à un tel état de choses, que le désordre pouvait être considéré comme notre état normal. Et ne croyez pas, Messieurs, que cette perturbation sociale que je viens de signaler soit aussi éloignée de nous qu'on serait tenté de le croire; elle nous menace malheureusement encore de près, de plus près peut-être que nous n'oserions le penser.

Sous l'empire des circonstances que je viens d'indiquer, en m'interrogeant moi-même, je me demandais souvent: Qu'est-ce qu'on devait attendre des Chambres législatives? Qu'est-ce qu'on devait attendre des ministères? Questions que je me voyais forcé à résoudre par cette autre question : Qu'est-ce que gouverner? et comment faut-il gouverner dans de pareilles circonstances?

Gouverner, Messieurs, c'est prévoir, selon les uns; prévenir, selon les autres; résister, d'après certaines doctrines; céder, d'après les doctrines opposées. Chacune de ces définitions indique une des qualités indispensables pour gouverner, et qu'il faut employer quelquefois ensemble, d'autres fois séparément. Tantôt il est nécessaire de résister, tantôt il faut prévoir. Mais si, parmi ces qualités qui sont l'apanage de l'homme d'État, on me demandait de désigner celle que je crois supérieure, je dirais que, dans mon humble opinion, gouverner consiste à prévoir d'abord et à prévenir ensuite, puis à agir à la fois avec prudence et fermeté. Que fallait-il songer à faire? Que fallait-il tenter? Que devions-nous rechercher en mai 1857, au moment où nous discutions ici l'adresse en réponse au discours de la couronne? Que doivent chercher et faire aujourd'hui encore les gouvernants et les représentants du pays; car les circonstances, au point de vue où je vais les considérer, ont peu changé depuis lors, Messieurs, si tant est qu'elles aient subi une modification quelconque? Éviter, prévenir, remédier, afin de conjurer la grande tempête qui menace aujourd'hui l'Espagne, comme elle menace presque toutes les grandes nations de l'Europe.

Cette grande calamité, ce mal terrible, pressant, difficile à conjurer à moins d'immenses efforts de patriotisme de la part de tous, n'est autre, Messieurs, que le socialisme, que le communisme, que la perturbation de la société, que la ruine et la mort de cette société même.

Le socialisme, Messieurs, qui n'a sans doute pris ce nom que par antithèse, car les chimériques projets de ceux qui s'intitulent socialistes sont l'antithèse de la société, le contraire de la société, la négation de la société; le socialisme, je le répète, est incompatible avec la propriété; or la propriété est la base de la société; sans la propriété, cette société est impossible, elle n'a pas sa raison d'être.

La propriété, et par conséquent la société, c'est l'œuvre de Dieu. Nous savons tous qu'elle ne peut cesser d'être; mais elle peut être momentanément éclipsée; il peut survenir un ouragan; l'ouragan sera passager, mais si courte que soit sa durée, la perturbation sera telle, la ruine de tant d'hommes, de tant d'intérêts, sera si grande, que cette idée seule épouvante. Si impossible que soit la réalisation complète et durable de semblables idées, si chimériques qu'elles soient en elles-mêmes, malheureusement une tentative n'est pas impossible, et un triomphe, quoique passager, peut couronner cette tentative.

L'Europe entière est menacée de cette calamité; toutes les contrées dont se compose cette partie du monde sont infectées du même mal. Je conviens que toutes ne le sont cependant pas au même degré; je crois que la Russie et l'Angleterre, chacune par le caractère qui lui est propre, quoique bien différentes sans doute l'une de l'autre, par leur civilisation, leurs coutumes, leur manière de vivre, sont celles que le fléau menace le moins immédiatement; mais je crois que le reste de l'Europe, l'Allemagne, la France, l'Italie et l'Espagne sont également menacées par cette terrible calamité; peut-être, hélas! notre patrie, l'Espagne, n'est-elle pas la nation qui court le moins de danger.

Les symptômes qui se sont manifestés sur différents points et qui se reproduisent encore dans diverses circonstances, ne nous laissent à cet égard aucun doute. Voilà, Messieurs, ce que je pensais et ce que j'étais sur le point de dire au mois de mai 1857, et le temps qui s'est écoulé depuis a malheureusement prouvé, par de tristes et éloquents témoignages, que mes appréhensions n'étaient rien moins que chimériques.

Depuis cette époque, nous avons vu la tentative des républicains d'Andalousie; dernièrement, nous venons de voir l'horrible attentat dirigé contre l'empereur des Français. Le premier fait révèle le travail qui se fait en Espagne même; le second révèle les progrès du mal dans toute l'Europe; car cet attentat était dirigé contre les jours d'un souverain qui est le soutien de l'ordre public dans son pays, et l'ordre public de France est solidaire et comme identifié avec celui des autres Etats de l'Europe.

Cela, Messieurs, vaut selon moi la peine que l'on y réfléchisse; il me semble que l'horrible événement qui vient de se passer dans la capitale de l'empire voisin doit avoir réveillé ou fait surgir chez tous, ou du moins chez plusieurs des gouvernements européens, l'idée de la nécessité où ils se trouvent, selon moi, de s'entendre, de se concerter pour conjurer ce mal, cette calamité qui les menace, et de former contre ces sociétés secrètes qui travaillent sans cesse à miner les fondements sociaux de toutes les nations européennes, une association de gouvernements ayant pour but de se préserver mutuellement les uns les autres, et, dans les cas où les perturbateurs de l'ordre social obtiendraient un triomphe passager, pour le réprimer à main armée. Je ne puis en dire davantage; le caractère de député dont je suis revêtu s'y oppose, et d'ailleurs je ne pourrais exercer aucune influence dans cette question. Ce que je viens d'indiquer n'est que l'expression d'un sentiment inné en moi, la manifestation d'une idée qu'a éveillée dans mon esprit la nouvelle de cet horrible événement; mais j'ai la conviction que ce même sentiment se sera éveillé non-seulement parmi nous, mais en d'autres pays, chez les hommes qui peut-être peuvent contribuer à sa mise à exécution.

J'ai parlé du socialisme, Messieurs, et des tentatives qui ont été faites en Espagne et dont nous avons été témoins; nous avons tous présents à notre mémoire les incendies de Valladolid et de Palencia. Nous nous rappelons tous les événements désastreux qui sont venus malheureusement confirmer mes prévisions de l'année précédente. J'ai entendu dire, et non sans fondement je crois, que l'on avait découvert, dans certaines de nos provinces, la trace de menées et de préparatifs qui se faisaient pour un jour déterminé, jour signalé par un grand événement dans la capitale de l'empire voisin. Si le fait est exact, comme j'ai tout lieu de le croire, MM. les députés en pourront facilement conclure quelle est la portée du travail qui s'opère dans le sens de cet ordre d'idées ; ils pourront apprécier toute l'étendue du mal, toute l'intensité du fléau qui nous menace et que nous devons tous chercher à prévenir et à combattre, en réunissant nos forces chacun selon sa position et ses moyens, sans distinction de parti, aussi bien les progressistes que les modérés, car le jour où la catastrophe arriverait, nous serions tous égaux devant ses terribles conséquences.

J'ai dit, Messieurs, que le socialisme est l'antithèse de la société, qu'il en est la négation. J'ajouterai qu'en matière de socialisme, c'est-à-dire pour atteindre le but que se proposent les fauteurs et les partisans de ces idées impossibles à réaliser d'une manière durable, on ne pourrait rien faire, rien tenter de mieux que ce qui a déjà été fait. On ne peut faire plus, pour arriver au but que se proposent ou que feignent de se proposer les socialistes, que ce qui a été fait par le fondateur de notre divine religion, par Jésus-Christ. On ne peut rien concevoir de plus sublime que sa doctrine. Que peut-on au delà de l'Evangile ? Sanctifier la pauvreté ? Le Christ l'a sanctifiée. Enseigner au pauvre la résignation, au riche la charité ? Qu'y a-t-il au-dessus de cette parabole du pauvre ramassant les miettes tombées de la table du riche avare et orgueilleux, et qui nous fait voir ensuite ce riche expiant dans les tourments perpétuels sa dureté et son orgueil, et le pauvre recevant au séjour d'éternelle gloire le prix de sa résignation. On ne peut prétendre, on ne peut aspirer à faire mieux.

Il est de toute nécessité et de toute justice de songer au soulagement des classes pauvres, d'organiser la bienfaisance ; mais il y a encore autre chose à faire : c'est de songer à la défense et à la protection de la propriété, et c'est ce dont je vais m'occuper bientôt (1).

---

(1) Dans les notes préparées pour le discours que, comme nous l'avons déjà dit, M. Bravo Murillo craignait d'être obligé de prononcer au mois de mai 1857, sont émises les deux idées suivantes : 1° De même que l'on ne conçoit pas l'existence d'un peuple d'athées, il est impossible de concevoir une société sans propriété, ou, ce qui est la même chose, composée exclusivement de prolétaires ; 2° si l'on veut réellement et sérieusement éviter l'irruption du socialisme, il faut que chaque nation s'applique non-seulement à ne pas être la première à laisser ce fléau germer et se développer dans son sein, mais aussi à opposer de fortes digues à sa propagation dès qu'elle en apercevra le germe chez d'autres nations.

La crainte d'allonger démesurément son discours empêcha l'orateur de s'arrêter à ces idées et de les développer ; la même considération le fit renoncer à donner lecture de quelques réflexions sur le même sujet, qu'il avait écrites dans un moment de loisir, et qui viennent se placer naturellement ici :

La religion offre ses consolations aux pauvres, avec une telle efficacité, que l'on peut assurer qu'autant la religion décroît, autant la résignation diminue dans les classes nécessiteuses. C'est précisément de ce manque de résignation, conséquence inévitable du manque de religion, que naissent les exigences des classes pauvres. Il faut donc songer très-sérieusement à maintenir en

Telle était la situation l'année dernière, Messieurs les députés ; telle est encore aujourd'hui, tout le monde en est pleinement convaincu. Il me semble donc que, dans l'intérêt du salut de la société, par patriotisme, par dévouement pour le trône et nos institutions, nous devrions tous sérieusement songer aux moyens de conjurer le péril ; il me semble, en outre, que lorsque tous ici, absolument tous, car je ne veux faire aucune distinction ni de personnes, ni de fractions, ni de parti ; quand

---

elles un profond et sincère respect pour la religion et ses ministres, qui, à leur tour, ne peuvent conserver ce même respect qu'à force de savoir et de vertu.

Dans le monde entier l'on entend sans cesse parler de la prospérité de la société et des citoyens ; c'est le thème commun de toutes les déclamations, de tous les discours, des gouvernements et des gouvernés, de la presse périodique et de la tribune parlementaire. Nous entendons sans cesse annoncer comme prochaine cette prospérité qui, malgré tout, n'arrive jamais, qui n'arrivera jamais, parce que ce n'est qu'une chimère. Non, non, elle n'arrivera pas, quoique à force d'être annoncée chaque jour par tout le monde comme résultat, comme effet naturel et nécessaire de la civilisation actuelle et des formes nouvelles de gouvernement, elle soit déjà venue à être regardée comme possible et qu'elle soit conséquemment et généralement convoitée et demandée. Si l'on y regarde bien, on verra que cet ardent désir d'un état de choses impossible est une des causes permanentes du malaise général et de son inévitable conséquence : les agitations et les révolutions.

Qu'il n'y ait plus de pauvres ! disent les socialistes ; et les pauvres croient, en les entendant, qu'ils peuvent tous devenir riches, ou tout au moins qu'il est effectivement possible qu'ils cessent d'être pauvres. De cette persuasion erronée à l'insurrection générale des esprits et des bras, au bouleversement absolu de la société, il n'y a plus qu'un pas, un pas des plus faciles, pour ainsi dire naturel.

Qu'il n'y ait plus de pauvres !... Quelle illusion ! Ce qui est possible, c'est qu'il n'y ait plus de riches, et c'est ce qui arriverait nécessairement si, par malheur, le socialisme parvenait à s'établir.

Qu'il n'y ait plus de pauvres dans la société, que tous soient riches, — cela revient au même que si l'on disait, pour ce qui concerne l'armée : Qu'il n'y ait plus de soldats, que tous soient généraux ; ou bien pour ce qui concerne la religion : Qu'il n'y ait plus de simples fidèles ou croyants, mais que tous soient prêtres, ou pour mieux dire, tous évêques. Et, en ce qui concerne les édifices : Qu'il n'y ait plus de pierres à la base, qu'il n'y ait plus de ciment, qu'on mette toutes les pierres, tous les matériaux au haut de l'édifice, à la coupole ; enfin, pour toutes les choses physiques et morales : Qu'il n'y ait plus de classes, plus de distinctions, plus d'ordre.

Voulez-vous savoir, si le socialisme pouvait être mis en pratique, ce qu'il adviendrait non pas de la société, puisque socialisme et société sont deux termes qui s'excluent, mais bien de la réunion matérielle de tous les individus qui la forment ?

Ce ne serait plus qu'un bloc confus de débris de la société détruite, de même que les matériaux d'un monument détruit par le canon ou par la pioche, ne sont plus que les ruines de ce qui fut édifice : les matériaux seraient toujours là, mais il n'y aurait plus d'édifice. — De telle sorte qu'une fois le socialisme triomphant, vous trouveriez les hommes, les individus qui formaient auparavant la société, mais non cette société elle-même : hommes, individus, se volant, se tuant, se déchirant entre eux comme les bêtes fauves ; tous pauvres, tous malheureux, tous misérables. Ce tableau n'est pas une hypothèse gratuite, non ; c'est le résultat littéralement possible, sinon sûr, certain, inévitable du socialisme.

On est forcé de le dire : il est impossible qu'il cesse d'y avoir dans la société des riches et des pauvres ; tout ce qui est possible, c'est d'adoucir la misère et l'indigence ; et cette chose, qui est la seule possible, est précisément ce qui est conseillé et même commandé par la religion de Jésus-Christ.

C'est pourquoi, au lieu de prêcher et d'annoncer le bonheur, l'on doit dire hautement que le bonheur absolu est impossible en ce monde ; on doit recommander la charité aux riches et la résignation aux pauvres. Tels sont les préceptes de la religion de Jésus-Christ, et c'est suivant ces préceptes qu'il faut faire les lois. Il est de toute nécessité de protéger, de fortifier les droits et d'agrandir l'influence des propriétaires, en même temps que l'on soulage et que l'on adoucit le sort des classes nécessiteuses. — Il faut châtier sévèrement les crimes contre la propriété, établir des lois qui procurent du travail aux classes pauvres, et soulager la misère par une bonne législation de bienfaisance publique.

tous, dis-je, nous employons notre temps à discuter des questions politiques d'un ordre secondaire, avant de nous être occupés des moyens à employer pour prévenir le danger ; il me semble, Messieurs, que nous paraissons méconnaître l'imminence et la gravité d'un péril qui, malheureusement, nous menace de très-près.

Que devons-nous faire ? que devons-nous tenter pour éviter la catastrophe qui nous menace ? Quant à moi, Messieurs, je crois aujourd'hui, comme en mai 1857, que nous devons travailler tous ensemble à l'établissement d'un gouvernement fort, solide et durable ; à la consolidation de l'ordre ; à mettre fin à cette agitation dans laquelle nous nous sommes trouvés et nous nous trouvons encore ; en un mot, pour résumer ma pensée sous une forme plus concise et, selon moi, plus significative, nous devons travailler à ce que la société reprenne son assiette ; car, depuis longtemps déjà, cette société se trouve jetée en dehors de son centre de gravité, par suite de causes qui ne sont imputables à personne, ni aux individus ni aux partis, qui sont bien plus le résultat des circonstances que de nous-mêmes, et qu'il a été impossible d'éviter ; cette société se trouve, dis-je, hors de son assiette, complétement en dehors des bases morales qui sont la base constitutive et nécessaire de toute société. Tel est le but auquel nous devons tendre. — Mais quels seront les moyens, et je veux parler des moyens pratiques d'y parvenir, de nous y faire arriver de la façon la plus directe et la plus immédiate ? Il y a dans la société trois éléments permanents qui exercent sur elle la plus puissante influence, et il faut faire en sorte, par tous les moyens possibles (sans se laisser un moment détourner du but qu'on se propose, ni par les actes du gouvernement, ni par les travaux législatifs); il faut faire en sorte, dis-je, que ces trois éléments concourent ensemble à rendre l'équilibre à cette société.

Sans religion, sans administration judiciaire, sans force armée, la société ne peut avoir ni tranquillité ni stabilité.

Mais à quoi bon m'appesantirais-je plus longtemps sur ce sujet ? MM. les députés comprennent l'importance de tous et de chacun de ces éléments particuliers de l'organisation sociale ; car tous concourent aux grands résultats qui assurent l'ordre, la stabilité et la parfaite harmonie dans l'État. Lors donc qu'il s'agit de quelque chose qui touche à ces grands éléments d'ordre et de conservation, il faut s'appliquer à ce qu'ils fonctionnent avec ensemble, avec entente ; il faut leur conserver leur prestige, leur stabilité, et assurer ainsi l'harmonie qui doit régner entre eux.

Et qu'il me soit permis de faire ici quelques observations sur l'un de ces éléments, parce qu'il touche précisément à l'un des points traités dans la réponse au discours de la couronne que nous discutons dans ce moment, et aussi parce que c'est un sujet sur lequel je désire énoncer ma façon de penser. Je veux parler, Messieurs, de la religion, du culte et de ses ministres, de l'église et du clergé.

Le clergé, Messieurs, a, dans tous les temps, exercé une influence salutaire sur la société, et je crois utile qu'il la conserve. Cette influence a été exercée selon les temps, se modifiant selon les degrés de civilisation des peuples, et en suivant les phases de cette même civilisation, en s'accommodant aux mœurs et aux usages de chaque pays. Cette influence, le clergé la possédait et l'exerçait à moins de frais, au prix de sacrifices infiniment moindres que ceux qui lui sont imposés aujourd'hui pour remplir honorablement sa haute mission.

Dans tous les temps, mais surtout au moyen âge, le clergé, par le seul fait du caractère dont ses membres étaient revêtus, se voyait entouré d'une immense considération, d'un immense prestige, sans que les prêtres fussent obligés de recourir à aucun effort pour maintenir leur influence.

Le signe extérieur du caractère sacré, l'habit seul suffisait à cette époque pour appeler le respect et la considération sur celui qui en était revêtu. Les temps ont bien changé depuis, et le clergé, pour conserver le prestige qui lui est nécessaire, qu'il ne doit pas perdre, a besoin maintenant de science et de vertu. Ces deux conditions, il les remplit ; mais il doit travailler sans cesse à les développer et les accroître.

Le clergé doit aussi trouver son prestige dans son désintéressement. Or le désintéressement du clergé est grand de nos jours, et ne saurait l'être davantage ; car l'Eglise et le clergé d'Espagne sont bien pauvrement dotés.

Ces réflexions nous conduisent naturellement à traiter la question des biens de l'Église, la question du *désamortissement* (ou vente des biens de mainmorte), et c'est sur cette question que j'ai annoncé l'intention de faire connaître ma pensée.

Les opinions que j'ai soutenues sur cette matière ne sont un secret pour personne ; mes principes sont toujours les mêmes, mes croyances n'ont pas changé quant aux idées. Par ma position comme député, j'ai pris part à presque toutes les discussions qui se sont élevées relativement aux biens de l'Église. L'aliénation de ces biens, du moins en ce qui concerne le clergé séculier, fut en majeure partie l'œuvre des années 1840, 1841, 1842 et 1843. En 1845, le gouvernement proposa de restituer à l'Église ceux de ses biens dont la vente n'avait pas été effectuée ; j'eus l'honneur de faire partie de la commission nommée par la Chambre et de contribuer par mon vote et par ma parole à ce que le projet fût converti en loi. Le concordat conclu avec le Saint-Siége, en 1851, fut préparé par le ministère du duc de Valence et spécialement par MM. Pidal, ministre des affaires étrangères, et Arrazola, ministre de grâce et justice.

Lorsque se forma le cabinet de 1851, en janvier de la même année, tout était à peu près terminé, il ne restait que fort peu de points à régler. Ce cabinet eut le bonheur et la gloire de conclure définitivement l'affaire du concordat, en mettant fin aux trois ou quatre questions qui demeuraient pendantes. Le principal mérite en revient aux précédents ministères qui avaient pré-

2

par les voies. Enfin, dans les premiers mois de 1851, le concordat fut conclu et signé. Ce qui y était stipulé, aucun de vous, Messieurs, ne l'ignore ; je rappellerai seulement ici que l'une des clauses qui y furent insérées établissait solennellement pour l'Église le droit d'acquérir des biens. Tel était l'état des choses : l'Église conservait les biens du clergé séculier en toute propriété ; elle avait le droit d'acquérir, elle obtenait enfin la gestion et l'usufruit des biens ayant appartenu aux communautés abolies, lesquels biens devaient être aliénés dans la forme réglée par le concordat.

On en était là lorsque la loi des cortès constituantes prescrivit la vente de tous les biens de l'Église, aussi bien de ceux qui lui avaient été restitués comme propriété et dont la vente n'avait pas été autorisée par le concordat, que ceux des communautés abolies, dont la gestion, ainsi que je viens de le dire, lui avait été confiée sous la condition qu'ils devaient être vendus d'après les règles stipulées dans ce même concordat.

Ceci, Messieurs, constitua une violation manifeste du concordat, principalement en ce qui regarde les biens qui avaient été rendus à l'Église comme sa propriété. Quant à ceux dont elle n'avait que l'usufruit, l'infraction n'existait que dans la forme ; pour les autres, je le répète, elle existait dans la forme et dans le fond.

Plus tard, et à une époque bien connue de vous tous, Messieurs, on décréta la suspension de la loi de *désamortissement*, et la première chose que l'on fit fut de suspendre l'aliénation des biens ecclésiastiques.

Aujourd'hui, d'après le discours de la couronne et selon le projet de la commission, il s'agit de restituer à l'Église les biens non vendus, et de lui donner une juste indemnité en compensation de ceux qui ont été aliénés. Il y a ici, Messieurs, des principes, des droits et enfin des considérations de convenance.

Quant aux principes et au droit, mes idées sont aujourd'hui ce qu'elles ont toujours été : que dans un pays catholique, l'Église ne saurait être privée du droit d'acquérir ; que ce que l'Église acquiert en vertu de ce droit constitue une propriété aussi sacrée que la propriété des particuliers, et que, par conséquent, sans enfreindre ces principes, on ne saurait décréter, sous aucun prétexte, l'aliénation des biens ecclésiastiques.

Il est une autre maxime, un autre principe que je soutiens comme conséquence nécessaire et immédiate du précédent : c'est que l'Église, investie du droit positif de propriété, peut seule disposer de ses biens ou consentir à leur aliénation, et que, par conséquent, tant que l'Église et son chef suprême, son représentant, le souverain pontife, enfin, n'y donnent pas leur assentiment, l'aliénation est impossible. Comme député, je ne saurais ni la provoquer ni la voter ; comme ministre, je ne la proposerais jamais.

Dans les circonstances actuelles, sauf les principes que je viens d'exposer et auxquels j'espère ne jamais manquer dans le cours de ma carrière, jamais, je le répète, je ne voterai ni ne proposerai l'aliénation des biens de l'Église, si elle-même insiste pour leur conservation. J'ai dit sauf ces principes, parce que je crois que dans l'intérêt même de l'Église et de l'État il serait avantageux, si la chose était possible, de demander, d'obtenir d'elle l'aliénation de ces biens, tant de ceux qui lui ont été restitués en toute propriété que de ceux des communautés abolies, dont elle a reçu l'administration temporaire et l'usufruit.

M. le ministre des affaires étrangères, président du conseil des ministres, a dit hier qu'à ce sujet il y avait une négociation ouverte, un accord conclu et dont l'exécution seule est pendante, et que cette négociation ou le projet auquel elle pourra donner lieu sera en temps opportun soumis aux cortès. Je déclare dès à présent que du moment où la conclusion de cette négociation sera présentée aux cortès, le gouvernement de Sa Majesté peut compter sur mon faible appui; dès à présent, mon approbation lui est acquise sans discussion aucune. Je ne m'opposerai jamais à rien de ce qui aura été convenu entre le gouvernement de Sa Majesté et le Saint-Siège, que cela soit conforme ou diamétralement opposé à mon opinion personnelle. Je ne discuterai pas; mais émettant seulement mes idées sur la matière qui nous occupe, je dis qu'il serait à désirer que le gouvernement eût pu ou puisse, dans l'avenir, obtenir l'autorisation dont je viens de parler.

Les raisons sur lesquelles je me fonde sont excessivement simples et me paraissent convaincantes. J'ai dit tout à l'heure qu'à l'époque où nous sommes, il était nécessaire que le clergé fît sentir à la société son influence salutaire ; qu'il doit conserver cette influence; qu'il est à souhaiter qu'il l'augmente encore par son savoir et ses vertus, et j'ai ajouté : par son désintéressement, dont il donne des preuves surabondantes, en étant aussi pauvrement doté. Mais, sous la réserve de ces principes, que je proclame et que je défends, tout en répétant, comme je le répète, que l'Église est aussi maîtresse absolue de ses biens que moi des miens, si elle était disposée à y consentir, pour ma part, je proposerais respectueusement à l'Église, à son chef, au vicaire de Jésus-Christ, de se décider à décréter l'aliénation de ces biens.

Malheureusement, Messieurs, dans les temps que nous traversons, l'amortissement de ces biens, qui sont peu de chose, qui ont très-peu de valeur, fait naître beaucoup de questions désagréables, parce que, en les restituant à l'Église, on leur a attribué une valeur, un revenu que les prélats affirment qu'ils n'avaient pas en réalité; et de là, une foule de contestations, de difficultés regrettables qu'il faut résoudre, ce que l'on ne peut pas toujours faire à la satisfaction des intéressés. Ainsi l'amortissement de ces biens a servi de drapeau à des révolutions nouvelles dans notre infortuné pays, et pour s'en convaincre, il suffit de jeter un coup d'œil en arrière.

De 1840 à 1843, l'aliénation de ces biens fut décrétée (illégalement, dirai-je encore, parce qu'on n'avait aucun droit de porter atteinte à cette propriété, aussi sacrée que toute autre); mais le fait est que l'aliénation fut décrétée et qu'elle fut en grande partie réalisée. L'Église, fidèle à ses habitudes de mansuétude, sanctionna ces ventes; mais ni cette condescendance, ni le concordat de 1851 n'empêchèrent que plus tard, en 1855 et 1856, une loi ne fût faite qui ordonna l'aliénation de ces biens, en violation manifeste du concordat, comme je l'ai déjà dit. En vertu de cette loi, une autre portion des biens ecclésiastiques fut vendue; et, de nouveau, le chef de l'Église, dans sa bénignité inaltérable, est encore décidé à sanctionner ces nouvelles ventes. Je n'ai pas à chercher, Messieurs, de prétextes pour une nouvelle révolution, je ne tiens pas à en faire d'autres, je tiens au contraire à faire tout ce que me permettra ma position pour en prévenir le retour. Mais êtes-vous certains que d'autres hommes ne viendront pas un jour relever la même bannière? Serait-il convenable pour le chef de l'Église, si cela arrivait, si un semblable malheur venait de nouveau s'abattre sur l'Espagne, d'être réduit à sanctionner une troisième fois de pareilles ventes ou à refuser sa sanction et à laisser l'État dans une situation affligeante? Voilà, Messieurs, les motifs qui m'engageraient à solliciter, à supplier respectueusement l'Église, en reconnaissant son droit, de vouloir bien consentir à la vente des biens en question (1).

Quant au *désamortissement* des autres biens qui n'appartiennent pas à l'Église, ou qui ne doivent pas être remis entre ses mains, par suite des conventions conclues avec Sa Sainteté; quant à ces biens dont l'État, à mon sens, a le droit de disposer, je suis d'avis qu'il convient d'en poursuivre la vente, de la manière la plus avantageuse aux intérêts de leurs propriétaires ou des établissements auxquels ils sont affectés, et à celui de l'État.

Je viens de dire, Messieurs, ou plutôt d'indiquer, car je n'ai fait que l'indiquer, quelle était mon opinion sur cette mesure que le gouvernement de S. M. nous a

---

(1) Qu'on ne croie pas pour cela que la pensée de l'orateur ait été qu'il faut obtenir du Saint-Siége l'autorisation pour les prélats d'aliéner tous les biens que l'Église possède en toute propriété, sans aucune réserve ni exception. Telle n'a pas été et telle ne pouvait être sa pensée en prononçant ce discours, puisque, même en admettant l'hypothèse où l'Église déciderait l'aliénation de ses biens et se mettrait, comme unique propriétaire, d'accord avec le gouvernement de Sa Majesté sur la forme de cette aliénation, l'orateur regarde comme convenable et même nécessaire qu'elle conserve en toute propriété, non-seulement ces immeubles, qui ont toujours été réservés, tels que palais épiscopaux, édifices pour les séminaires et autres maisons paroissiales avec leurs dépendances, mais encore quelques autres immeubles d'un revenu considérable et assuré et d'une administration facile, afin qu'ils forment partie de sa dotation et qu'ils soient en même temps une vive et perpétuelle protestation de son droit incontestable de conserver, si cela lui convient, tous ces biens dont l'aliénation n'est pas autorisée par le concordat, et d'en acquérir de nouveaux, en conformité de l'article 11 de cette stipulation solennelle et de cet accord entre les puissances suprêmes. Lorsqu'on arrêtera les mesures d'exécution qu'exige naturellement cet article, l'occasion sera favorable pour formuler, d'accord avec le très-révérend nonce de Sa Sainteté, un système qui ait pour résultat : d'améliorer graduellement les dotations du culte et du clergé, d'après ce qui est prescrit par l'article 38 de la même convention ; de rendre complétement indépendante, sans intervention directe des autorités publiques, en l'attribuant à qui il appartiendra, l'administration des moyens et des ressources appartenant pour ces objets si importants à chaque diocèse, chapitre, paroisse ou établissement ecclésiastique, de façon que les biens-fonds que l'Église possédera à l'avenir ne soient plus exposés aux inconvénients résultant de l'amortissement.

annoncée dans le discours de la couronne et que le ministère a adoptée, ainsi qu'il ressort de la lecture du projet de réponse à ce même discours. Il me reste seulement à dire que, quant aux mesures proposées par le gouvernement de S. M. pour sauvegarder les intérêts des établissements auxquels ces biens sont affectés aujourd'hui, je m'y associe et je les voterai sans entrer dans leur discussion.

Un autre des grands moyens, — je continue, Messieurs, à suivre mes notes de l'année dernière, il s'y trouve des choses que je ne fais qu'effleurer, d'autres qui me semblent en ce moment d'un intérêt plus immédiat et sur lesquelles j'insiste davantage, — je dis donc : un autre des moyens qui contribueraient puissamment à amener la situation que nous devons désirer, c'est-à-dire un état de tranquillité, d'ordre et d'équilibre dans la société, c'est la loi sur l'instruction publique, annoncée l'année dernière par le discours de la couronne et au sujet de laquelle un projet vous fut soumis, pour être converti en loi, par le cabinet de cette époque (1). Je n'ai pas suffisamment médité sur cette question; je n'ai point approfondi la loi qui a été faite, et je ne puis rien en dire, sinon qu'elle est de la plus haute importance, et que je désire ardemment qu'elle remplisse le grand objet que doit se proposer une loi d'instruction publique. Le congrès l'examinera, et ce n'est pas le moment d'entrer dans cet examen.

Mais une question qui est d'aujourd'hui comme de l'année passée, comme de tous les temps, mais surtout des temps actuels, c'est l'influence de la propriété. En ce moment, dans la situation où nous nous trouvons, avec cette menace d'une grande catastrophe suspendue sur l'Europe, la première de toutes les influences, celle qui doit le plus contribuer à faire éviter cette catastrophe, c'est l'influence de la propriété. La classe des propriétaires se trouve sous le coup d'une menace incessante, et cette classe doit appeler sur elle l'attention soutenue et constante du gouvernement et des corps délibérants. A ce propos, Messieurs, je dois dire ici tout ce que je sens ; je dois être sincère, comme je me suis efforcé de l'être dans toutes les circonstances de ma vie. Les propriétaires, en Espagne, pour se garantir et se défendre, pour défendre aujourd'hui par les moyens légaux leur propriété qu'ils seront peut-être un jour contraints de défendre par la force ; les propriétaires, dis-je, doivent tristement, malheureusement, se résigner à payer plus qu'ils ne paient actuellement.

---

(1) Un projet de loi d'instruction publique, dans lequel le ministre des travaux publics (*de fomento*) était déclaré chef de cette administration, avait été présenté.

Si j'avais pris la parole à cette occasion, j'aurais rappelé ce qu'on s'était proposé en 1851, en enlevant l'instruction publique au ministère des travaux publics qu'on établissait, et en la transportant à celui de grâce et justice; cet objet était de réunir les trois grands intérêts ou éléments sociaux: le culte, l'administration de la justice et l'instruction publique. J'aurais dit que je ne trouvais pas l'instruction publique bien placée entre les matières et les difficiles entreprises de l'agriculture, l'activité du commerce et de l'industrie, l'agiotage de la Bourse et le bruit des chemins de fer; et, bien que partisan des économies, je souscrirais volontiers à une augmentation de dépenses pour le ministère d'instruction publique, de préférence à la réunion définitive d'une branche si importante au ministère des travaux publics.

J'ai été, Messieurs, précisément chargé du département d'où dépend le service des contributions ; j'ai été ministre des finances ; en cette qualité, j'ai parlé d'économie ; j'ai réalisé toutes celles qui m'ont été possibles. Comme député, je parle moins d'économies que je ne l'ai fait comme ministre ; comme député et comme contribuable, quoique petit contribuable, parce que ma fortune n'est pas grande ; comme contribuable donc et propriétaire, je dois dire ici franchement et de manière que tous puissent l'entendre, que, si les propriétaires ont droit d'attendre du gouvernement et des cortès qu'ils aient l'œil constamment ouvert sur eux et soient prêts à les protéger, il est nécessaire, en retour, que les propriétaires viennent en aide au gouvernement, qu'ils contribuent au soutien de l'ordre et des institutions en faisant des sacrifices, et pour cela ils doivent être disposés à payer plus qu'ils n'ont été dans l'habitude de payer. Il est nécessaire de faire la part des circonstances, Messieurs ; il faut tenir compte de l'état de civilisation de tous les peuples de l'Europe, dont nous faisons nécessairement partie. Nous vivons déjà à la moderne, et, résumant en une seule formule tout ce que je viens de dire, j'ajouterai que nous voulons bien vivre à la moderne, et nous voulons payer comme dans l'ancien temps. Cela n'est pas possible (1).

L'enchaînement des idées nous amène tout naturellement à parler de l'administration publique, parce que, selon moi, il n'y a rien qui puisse contribuer plus efficacement à soutenir les bonnes situations politiques, comme à remédier à celles qui sont mauvaises et à les améliorer. A cet égard, j'ai une opinion qui, si elle n'est pas combattue en théorie, n'a cependant jamais été suivie en pratique par d'autres que par moi ; je professe une maxime (je ne sais si elle sera qualifiée d'erronée sur ce point) : je crois que l'administration et la politique doivent autant que possible marcher parallèlement, se servir, s'entr'aider ; mais que dans le cas

____

(1) La généralité de ceux qui ont entendu ou lu ce discours auront certainement reconnu l'exactitude de la formule : « nous vivons à la moderne et nous voulons payer à l'antique, » et la raison pour laquelle le député, qui a tant réclamé pour les économies, insiste sur la nécessité d'exiger de plus grands sacrifices des contribuables. Il n'a pas manqué de gens cependant pour condamner cette formule et pour nier la nécessité d'exiger de tels sacrifices ; quelques explications ne leur seront pas inutiles.

Que l'on compare l'organisation politique et administrative, les services publics, moralement et physiquement, de l'ancien régime avec l'organisation et les services du régime actuel ; que l'on considère ce qui se dépensait alors et ce qui se dépense aujourd'hui pour l'armée, la marine, l'administration de la justice, pour l'instruction publique, pour l'administration des communes, pour les classes passives créées ou si considérablement augmentées sous le nouveau régime, pour le recouvrement des contributions et des revenus, pour les voies de communication, pour toutes les branches et tous les services, et, à l'exception de deux peut-être, le culte et le clergé, depuis la suppression de la dîme, et la dette publique depuis que le paiement des intérêts a été suspendu, on rencontrera difficilement une seule branche qui n'entraîne pas actuellement beaucoup plus de dépense qu'au temps du régime absolu. Maintenir cette organisation, établir et conserver comme nécessaire et avantageux le service de la garde civile et d'autres qui ont le même but, construire des routes et des chemins de fer, demander et accorder les moyens de communication sur une grande échelle, augmenter la marine et encourager toute espèce d'amélioration, user fréquemment du crédit et pas toujours avec modération : c'est là vivre à la moderne.

A ces causes d'accroissement progressif des dépenses publiques se joignent les vicissitudes et les où l'une des deux doit prendre le pas et marcher avant l'autre, à mon sens ce n'est jamais l'administration qui doit être la très-humble servante de la politique, mais bien la politique qu'il faut subordonner à l'administration. Cette maxime, Messieurs, je l'ai toujours pratiquée ; elle a toujours été mon guide ; je ne m'en suis jamais écarté tant que je l'ai pu. Pourquoi ? Parce que cette maxime s'allie chez moi à une autre maxime politique qui est comme sa sœur jumelle : celle de ne pas confondre les moyens avec la fin, espèce de sophisme auquel nous avons dû bien des malheurs, bien des luttes, bien des perturbations, bien des haines ; je parle ici de luttes et de haines politiques de partis, de factions et de personnes.

Nous avons beaucoup parlé, l'on parle et l'on parlera sans cesse d'affaires politiques, de droits politiques, d'institutions et de mille autre choses qui s'y rattachent : tout cela ce sont les moyens ; la fin est bien autre. Ici il est souvent arrivé que l'on a sacrifié la fin aux moyens, et je confesse humblement que, dans mon opinion, s'il y a un sacrifice à faire, ce sont les moyens qu'il faut sacrifier à la fin (1).

---

bouleversements politiques qui, malheureusement, ont été si fréquents parmi nous, et qui, par la force des choses encore plus que par la volonté des hommes, ont produit : 1° un obstacle insurmontable à l'accroissement naturel des revenus ; 2° une augmentation considérable des dépenses. De 1854 à 1856, on a conclu des emprunts dont l'intérêt annuel dépasse 50 millions.

Telles sont les raisons, à ne les indiquer que sommairement, pour lesquelles l'auteur de ce discours est fondé à conclure que la propriété doit payer plus qu'elle n'a payé jusqu'ici ; et, en concluant ainsi, il ne cesse pas de rappeler que, dans un autre temps et dans une autre position, il a réclamé des économies, car il ne s'est pas opposé et ne s'opposera jamais à toutes celles qui seront possibles. En considérant notre situation économique autant qu'il croit la connaître et qu'il peut l'apprécier, il était et il est toujours persuadé que l'augmentation de 50 millions dans la contribution immobilière (proposée, au moment où il écrit cette note, par le gouvernement pour l'année courante), et que les autres augmentations qui peuvent être proposées sur d'autres impôts et s'obtenir sur les recettes éventuelles, ne combleront pas le déficit qui existe dans le budget ; et il a la conviction intime qu'en obtenant, par les moyens indiqués, l'augmentation possible et effective des recettes ordinaires, il sera encore nécessaire de faire les économies praticables dans les dépenses, si, comme cela doit être dans une situation solide et normale, on aspire à égaliser les dépenses et les recettes ordinaires.

(1) L'auteur de ce discours, en traitant de l'administration publique à laquelle il donne une si haute importance et une préférence marquée, aurait voulu consacrer des considérations spéciales à l'administration d'outre-mer ; c'eût été le développement des notes prises par lui pour le discours qu'il croyait être obligé de prononcer au mois de mai 1857.

Il fut retenu par la double crainte, d'abord d'allonger démesurément son discours d'aujourd'hui, ensuite de se voir dans la nécessité de rappeler certains actes du cabinet de 1851 et de 1852, ce qui aurait pu donner à la discussion une autre direction que celle que le gouvernement, la majorité de la Chambre et l'orateur lui-même auraient voulu lui conserver.

Mais il n'y a aucun inconvénient à rappeler dans cette note que, sans ces motifs de retenue, l'orateur aurait fait valoir la nécessité reconnue par tout le monde, sans distinction de parti et de nuance, de régler et d'asseoir sur des bases solides l'administration de nos importantes possessions d'outre-mer en Amérique, en Asie et en Afrique ; possessions dont la conservation, le développement et la prospérité peuvent avoir tan. d'influence sur l'avenir de l'Espagne et tant contribuer à nous faire reprendre le rang que nous avons occupé autrefois parmi les nations de l'Europe.

Sur la proposition du ministère de 1851, Sa Majesté daigna créer un conseil et une direction d'outre-mer, en chargeant le président du conseil des ministres, des affaires dépendant des divisions de grâce et de justice, administration civile, travaux publics et finances. Depuis, sur la proposition de ce conseil, on a créé une chambre dans son sein, et on a établi que toutes les

Je crois que le but des sociétés, et par conséquent celui des constitutions, celui de toutes les institutions politiques, n'est autre que la tranquillité, la liberté individuelle, la sécurité des personnes et des propriétés, le bien-être des citoyens, le maintien de la paix et de l'ordre public; et partant les constitutions, les codes, les lois organiques fondamentales ou secondaires ne sont, selon moi, que des moyens d'atteindre ce but. Que m'importe à moi qu'une constitution stipule des droits politiques multipliés, si ces droits demeurent illusoires, si les citoyens n'en jouissent réellement pas? Je ne m'oppose en aucune façon à ce que ces droits soient écrits ; je les reconnais pour ce qu'ils valent et comme un des résultats essentiels auxquels la société doit atteindre; car si nous sommes réunis en société, si nous payons des impôts, si nous avons des devoirs pénibles à remplir, c'est pour que la société nous donne ce qu'elle nous doit, c'est-à-dire la tranquillité, la sécurité des personnes et des biens, le calme, l'ordre public. Mais si l'on me donne des institutions où ces droits sont pompeusement inscrits, et qu'ensuite ces mêmes droits soient méconnus, violés, je renoncerai, Messieurs, à des institutions qui conduiront à un tel résultat, en insistant pourtant plus que jamais pour que ces mêmes droits me soient garantis. Je ne fais ici, Messieurs, la moindre allusion à aucun parti ni à aucune personne; j'expose une théorie, et je maintiens que c'est là ma théorie fondamentale ou de politique générale; et je professe en outre, comme théorie secondaire, que l'administration et la politique doivent marcher de front, et que s'il y a nécessité de sacrifier l'une à l'autre, la politique doit être sacrifiée à l'administration, et jamais, dans aucun cas, l'administration à la politique.

---

décisions, même celles qui seraient prises par des ministres ayant conservé des attributions outre-mer, seraient communiquées par l'intermédiaire de la direction. Le conseil donnait son avis dans toutes les affaires importantes, et la chambre faisait ses propositions par liste d'individus dont elle déterminait les mérites pour tous les emplois publics d'outre-mer dont les appointements n'étaient pas au-dessous de mille piastres fortes. Il était naturel et l'on devait croire que les bons résultats de cette organisation une fois reconnus, la création d'un ministère d'outre-mer en serait la conséquence.

La création du conseil et de la direction d'outre-mer en 1851, précédée de longues études, fut pour le ministère de cette époque l'objet de l'examen le plus consciencieux et le plus attentif. Il aurait été difficile d'examiner une autre affaire avec plus de soins.

Les résultats dépassèrent les espérances. La direction expédiait les affaires avec zèle et diligence; le conseil délibérait avec maturité et donnait son avis avec le plus grand soin; la chambre faisait ses propositions d'emploi avec justice et impartialité, et le ministre de 1851 et 1852, qui soumettait les propositions à Sa Majesté, n'eut jamais à repousser les indications de la chambre. Quelle satisfaction pour le souverain! quel soulagement pour le ministre! quel profit pour l'administration !

De cette organisation il ne reste que la direction d'outre-mer dans la dépendance du ministre d'Etat.

On doit penser très-sérieusement et sans perdre de temps, dans l'administration d'outre-mer, à établir sur des bases solides l'administration centrale d'où dépendra à l'intérieur celle de nos importantes possessions ; cela est senti par tout le monde. Ce qu'il faut faire pour cela est une affaire de la plus haute gravité, mais qui ne doit pas être traitée ici; il suffira de dire que, dans l'humble opinion de celui qui écrit cette note, opinion soumise aux personnes les plus éclairées, la création du ministère d'outre-mer, très-convenable et même nécessaire, avec les appuis et les auxiliaires voulus, pourrait devenir un péril sans l'accompagnement du conseil et de la chambre d'outre-mer.

Je trouve également, dans mes notes du mois de mai de l'année dernière, des indications sur un sujet auquel le discours du trône a fait allusion. Il s'agit de la loi relative aux emplois publics.

Dans la catégorie des moyens autres que ceux que j'ai déjà énumérés et que je considère comme nécessaires pour amener un état de paix et de tranquillité, pour fonder un système de gouvernement durable et régulier, je dois placer premièrement, la manière de faire les élections, la loi électorale ; deuxièmement, la marche à suivre dans les délibérations de nos chambres législatives, enfin une loi sur les emplois publics, c'est-à-dire les règles à observer pour l'accession aux emplois qui sont à la nomination du gouvernement et pour l'avancement des employés. Les deux premières lois, on le voit, sont purement politiques ; la troisième est administrative ou du moins elle a ce caractère, mais elle est par malheur tellement liée à la politique, que trop souvent elle lui est subordonnée.

Sur ces trois points, dont deux, la loi électorale et la loi sur les emplois publics, sont mentionnés dans le discours de la couronne, j'exposerai rapidement et sommairement mes idées à la Chambre ; je dirai quelques mots aussi, mais seulement en passant, sur le troisième, auquel j'accorde une très-grande importance.

Que vous dirai-je, Messieurs, relativement à la loi électorale, aux élections, que vous ne sachiez déjà, que vous ne connaissiez parfaitement, sur quoi votre sentiment ne soit complétement fixé ? Je ne pourrais vous dire à ce sujet rien qui vous parût nouveau, et cela par des motifs bien simples, c'est qu'il faudrait répéter ce qui a été exposé ici mille fois et sous diverses formes ; et à cet égard j'aime mieux m'en rapporter à la conscience de MM. les députés qui m'écoutent, car c'est dans la conscience de chacun d'eux que je chercherai le seul témoignage de la parfaite sincérité de ce que je vais avoir l'honneur de dire à la Chambre.

Les élections, Messieurs, se font actuellement en Espagne de telle sorte que chaque élection générale dégénère en une véritable perturbation de la société. Le pays s'émeut et s'agite, son agitation devient terrible ; puis surviennent les luttes, les conflits, les haines entre les districts, entre les communes, au sein des partis, des familles, et enfin les haines personnelles. Par la force même des choses, sans que l'on puisse y porter remède, par une conséquence fatale que nous déplorons tous, contre laquelle nous protestons, sans que nos protestations et nos regrets puissent y apporter le moindre remède, car le mal découle de la nature même des choses, il s'établit une lutte inévitable entre le gouvernement et ses adversaires. Le gouvernement, Messieurs, se voit alors contraint à se laisser entraîner à des actes contraires à sa volonté, à ses instincts et à ses principes, mais auxquels le réduit le soin de sa propre défense, car il est engagé dans une véritable guerre, et en fait de guerre, s'il est loisible à chacun de ne pas l'accepter, il n'est plus possible à personne, la lutte une fois commencée, de s'arrêter à peser si la défense ou l'attaque s'arrêtera en deçà ou au delà de certaines limites.

C'est cet état déplorable que je voudrais voir cesser ; il faut qu'il cesse, car jusque-là nous n'aurons ni paix ni trêve; si l'agitation continue, nous n'aurons point de stabilité à espérer ; la nation espagnole sera hors de son assiette naturelle, hors de l'équilibre politique auquel elle doit aspirer.

Quant aux moyens à employer pour sortir d'une semblable situation, je ne puis me montrer exclusif sur leur choix ; mettons-nous d'accord sur le but à atteindre, efforçons-nous de bonne foi d'y parvenir ; cherchons-en les moyens avec zèle, avec bonne volonté, avec sollicitude ; je dirai seulement, mais en répétant que je ne suis point exclusif, que je ne le serai jamais, que je n'insiste pas pour l'adoption de mon idée particulière, et que je donnerai volontiers la préférence à tout autre moyen meilleur qui pourrait être proposé ; je dirai seulement, dans le but de préciser quelque chose, que, selon moi, dans l'intérêt de la sincérité électorale, il faudrait limiter le nombre des électeurs; car il ne doit exister aucun doute sur la légalité des inscriptions, sur la parfaite identité de l'électeur et du contribuable; erreur qui ne deviendra impossible qu'en donnant une notoriété évidente au droit des citoyens inscrits. Je dirai encore que trois cent quarante-neuf députés, pour un pays comme l'Espagne, me paraît un nombre excessif; j'ajouterai qu'il y a dans l'Etat de certaines classes que je considère comme autant de sacerdoces qui, par le caractère même de leur institution, ne doivent pas faire partie de cette assemblée, parce que leur place est marquée dans un autre corps. Ces classes sont : le clergé, actuellement privé par la loi du droit d'envoyer des représentants à la Chambre, et qui occupe dans le sénat la place qui lui appartient ; ce sont encore, ce sont en outre la magistrature et l'armée active; je dirai enfin qu'en règle générale, les employés en service actif ne doivent pas trouver place dans cette Chambre. Il y a cependant des employés d'une classe supérieure, dont la résidence fixe est à Madrid, et qu'il peut être utile de laisser pénétrer ici dans le but d'éclairer certaines questions administratives ; mais à cette exception près, les employés en général doivent être exclus de cette enceinte. Et sans en donner d'autres motifs, que signifie, Messieurs, un employé délaissant son bureau et ses occupations officielles et journalières, pour venir siéger au milieu de nous ? Il touchera ses appointements et ne fera pas son service ; l'administration en souffrira et le public aussi.

J'ai employé tout à l'heure une expression qui exige quelques explications, parce qu'elle aura peut-être surpris MM. les députés et surtout ceux qui appartiennent au parti progressiste. J'ai dit qu'il fallait que, dans l'intérêt de la vérité, le nombre des électeurs fût restreint. On me demandera sans doute si la vérité se trouve mieux quand on est en petit nombre ? Je n'hésite pas à répondre affirmativement qu'on arrive du moins par un plus court chemin. Parmi les électeurs, il en est un grand nombre qui possèdent juste le nécessaire pour avoir le droit d'être inscrits sur les listes ; il y en a d'autres qui sont riches, qui sont à la tête d'une fortune considérable. Et cela posé, je demanderai quels sont ceux qui votent réellement et véritablement ? Serait-ce ceux de la classe inférieure, ceux qui paient le moins ? Non, Messieurs, de ceux-là on peut dire, sans paradoxe, qu'ils ne votent pas, car ils ne votent qu'au gré des riches, des électeurs influents. Et, afin de vous le faire mieux comprendre, supposons pour un moment que le suffrage universel vienne à être établi. Quels sont ceux qui auraient sous ce régime la véritable influence, qui traîneraient à leur suite les votes de la multitude ? Evidemment, ce seraient les électeurs riches, les citoyens influents, parce que, dans chaque commune, ces hommes comptent une clientèle nombreuse de fermiers, d'ouvriers, de créatures placées dans leur dépendance, clientèle grossie par le nombre des nécessiteux ou besogneux qui attendent quelque faveur ou quelque bienfait des riches. Ce sont donc ces derniers , ce sont donc les grands propriétaires, c'est en résumé le petit nombre qui, dans chaque localité, mène à son gré les électeurs, et quand ceux-ci déposent leur bulletin dans l'urne, ils déposent le nom qui leur a été inspiré par l'homme qui les dirige.

Voilà ce qui arrive réellement, voilà la vérité en matière d'élection, voilà ce que vous connaissez tous. Je veux simplement qu'on arrive au même résultat par le chemin le plus court.

J'ai parlé aussi de la méthode à suivre pour la conduite de nos délibérations ; des règles qui doivent présider à nos débats. M. Illas y Vidal, dont j'ai déjà cité le nom, s'est plu à me confondre dans la classe de ces absolutistes qu'il qualifie d'absolutistes douteux ou déguisés, classe qui n'existe, je crois, que dans l'imagination de cet honorable député.

Quant à l'épithète dont il s'est servi, j'ai déjà répondu à Sa Seigneurie que je n'ai jamais déguisé ma pensée en quoi que ce soit ; j'ai toujours hautement avoué mes opinions. J'ai même peut-être poussé quelquefois la franchise au delà de ce qui était strictement nécessaire ; j'ai parlé quand j'aurais pu me taire, et j'ai subi les conséquences fâcheuses pour moi de cette manière d'agir ; mais je ne m'en repens pas. Quant à la qualification d'absolutiste, je vais répondre en peu de mots aux paroles de M. Illas. En fait d'absolutisme, je n'en reconnais que d'une seule espèce et je m'en reconnais partisán, c'est l'absolutisme de Dieu, parce que c'est l'absolutisme de l'être nécessaire, de l'être unique, de l'être infiniment sage et infiniment juste. Mais parmi nous (car je ne parle pas des autres nations, je n'ai pas mission pour cela et je ne crois pas qu'il existe une espèce de gouvernement général, également applicable à tous les pays), parlant donc de l'Espagne, je dirai à Sa Seigneurie que je n'ai jamais été, que je ne suis pas et que je pense ne jamais être absolutiste. Les preuves que l'honorable député prétend 'rouver de ce qu'il appelle mon penchant à l'absolutisme, ne sont et ne sauraient être que des qualifications, des appréciations qui lui sont personnelles, et qui ne lui fournissent aucun argument valable à l'appui de sa conclusion tout arbitraire. Par conviction autant que par nature, je suis l'ennemi juré de l'arbitraire ; je suis ami et partisan décidé, autant par conviction que par nature, de la légalité. Je veux la royauté, une royauté forte et respectée, mais non pas exerçant un pouvoir arbitraire, despotique ni absolu ; je veux que l'autorité royale reconnaisse des règles et qu'elle ne les enfreigne pas. Je veux l'existence des cortès. Je l'ai toujours voulue ; jamais je n'ai rien proposé qui fût contraire à leur pouvoir légitime ; mais je les ai toujours voulues, je les veux, je les voudrai toujours entourées d'un grand prestige, investies d'une grande autorité.

Toutes mes pensées ont constamment été dirigées dans ce sens et vers ce but ; je puis m'être trompé sur les moyens, c'est très-possible. Si mes collègues le croient, j'accepte leur jugement, qu'on en prenne acte ; je ne persiste pas à défendre l'infaillibilité de ces moyens ; mais ce que je soutiens toujours, c'est que mes efforts ont constamment tendu à donner aux cortès prestige et autorité et les rendre respectables, parce que je crois que si l'existence et l'institution des cortès sont menacées de quelque danger en Espagne, ce danger ne pourra venir que des excès auxquels nous nous laisserions entraîner. Pour rendre féconds les travaux des cortès, pour conserver les institutions et servir la société, il faut que les cortès aient un grand prestige, et ce prestige nous ne pourrons l'obtenir qu'autant que nos délibérations seront empreintes d'un grand caractère de dignité, de convenance et de mesure. Je n'ai cependant rien à proposer à cet égard ; je me borne à appeler l'attention de la Chambre sur ce point ; mais pour le jour où on viendra à s'en occuper, qu'on veuille bien se rappeler ce que j'ai eu l'honneur de dire.

Il y aurait certes beaucoup à ajouter sur ce chapitre. On pourrait évoquer le souvenir des scènes si fréquentes parmi nous et qui ont fait rejaillir de la déconsidération sur nos assemblées, et cela, par l'effet de leurs propres fautes. Je ne le ferai pas, il n'est pas nécessaire que je le fasse ; je dirai seulement que le but que nous devons nous proposer, c'est de bien fixer la manière de délibérer et de résoudre les affaires soumises à nos discussions.

Que l'on cherche la meilleure manière de concilier les opinions extrêmes ; que l'on propose un moyen pratique pour y parvenir ; ce moyen, quel qu'il soit, aura mon appui et mon vote. Que d'autres s'occupent de cette recherche, je renonce pour mon compte à toute initiative ; mais qu'on ne néglige pas la recherche de cette solution, car c'est là qu'est le seul moyen de sauver et de conserver le gouvernement représentatif ; car si on la néglige, j'estime, puissé-je me tromper, que nos institutions courront un grand péril.

J'ai parlé enfin, Messieurs, comme d'un moyen efficace, plus important qu'on ne se l'imagine, pour contribuer au raffermissement de la société et pour fonder un gouvernement solide et durable de la loi sur les employés de l'État.

Cette question pourra sembler d'abord d'un intérêt secondaire; mais je la crois tellement importante, Messieurs, que si l'on ne s'en occupe pas; si l'on n'y applique pas un remède, et un remède prompt et efficace, il peut survenir un cataclysme. Si nous persistons dans la voie où nous sommes, la conservation et la continuation de l'ordre de choses qui existe actuellement deviendra tout à fait impossible; l'administration publique sera frappée de mort, et sans administration publique, sans une administration sagement organisée, il ne peut rien y avoir de bon ni de stable ; les institutions ne pourront pas s'enraciner parmi nous.

L'administration publique devient impossible lorsque les employés n'ont aucune espèce de stabilité; l'administration publique est impossible lorsqu'à chaque changement de ministère nous voyons, sinon se réaliser, au moins se manifester de toute part le désir d'un changement radical et complet du personnel de tous les services. Ce que nous voyons tous, ce que j'ai vu et touché du doigt pour mon malheur, ce que tous mes collègues peuvent, comme moi, voir et toucher, semble impossible ; il n'est cependant que trop vrai, qu'à la seule nouvelle d'un changement de ministère, tout s'agite, chacun va, vient, s'empresse ; je ne parle pas de ce qui se passe ou des prétentions qui se manifestent en temps d'élections générales ; alors c'est le chaos, c'est à faire horreur.

A ne parler que de la perte matérielle du temps, il est absolument impossible à un ministre de s'occuper des affaires publiques, s'il lui faut, en outre, prêter l'oreille aux réclamations, écouter les sollicitations des employés, des prétendants, des aspirants qui l'assiégent. Je ne jette ici le blâme sur personne; je ne fais pas un crime à MM. les députés de ce qui leur arrive tous les jours, à eux comme à moi-même. Car comment un député est-il libre d'empêcher que, sous mille couleurs et sous mille prétextes, il lui arrive une foule de solliciteurs qui réclament sa protection ? Cela est impossible, non-seulement par les motifs que je viens de signaler, mais par une raison plus puissante encore.

Si l'on plaçait devant nos yeux le relevé exact du nombre des employés publics en activité ou en disponibilité, appartenant aux différentes branches de l'administration, nous serions saisis d'épouvante ; mais ce nombre, il ne faut pas l'oublier, va croissant d'année en année dans une progression telle qu'il doit avant peu aboutir, comme je l'ai dit, à faire naître un véritable cataclysme. N'allez pas croire, Messieurs, que j'exagère; je le dis comme je le pense : c'est une vérité qui deviendra palpable pour tout le monde, si l'on n'y applique pas un prompt remède. Y a-t-il en Espagne beaucoup de fils d'artisans ou d'ouvriers qui se résignent à suivre la profession de leur père, à exercer un art quelconque, un métier, une profession mécanique ? Non, Messieurs, il s'en trouve fort peu. La plupart aspirent à devenir employés; et avec le mouvement qui se fait dans le personnel de tous les services, il y en a peu qui ne réussissent à occuper momentanément un emploi. Or, Messieurs, sachez-le bien, quand un individu, sorti de ces classes de la société, a goûté une seule fois de la vie d'employé, quelque infime que soit le poste qu'il ait occupé, il est fort rare qu'il se décide à retourner à une profession ou à un travail quelconque : ce n'est plus qu'un véritable vagabond et une véritable plaie pour la société.

Et que peut-on attendre, Messieurs, d'un semblable état social ? Que peut-on espérer d'une nation où un si grand nombre d'individus de cette classe vivent dans cet état de fluctuation perpétuel, luttant sans relâche pour obtenir des emplois, guettant l'occasion de se produire, de faire du bruit, et restant étrangers en attendant à tout travail, à toute occupation honorable ? Qu'y a-t-il à attendre d'eux, si ce n'est une agitation et un désordre perpétuel?

Jetez les yeux sur notre situation actuelle; considérez ensuite celle de l'année dernière, puis celle d'il y a cinq ans, d'il y a dix ans, et vous verrez quelle marche rapide a suivie cette progression ascendante. J'en ai été frappé, Messieurs, et l'expérience m'a montré qu'elle s'est accrue d'une manière effrayante. Avant trois ans, dans deux ans, dans un an d'ici peut-être, elle aura atteint des proportions colossales : ce sera un fardeau impossible à supporter, et alors la société n'aura pas plus les moyens de sortir de cette situation déplorable.

Le seul moyen, et il est douloureux (car quand les plaies deviennent aussi profondes que celle que je signale, les remèdes sont toujours douloureux), le seul moyen, c'est de fermer les portes aux solliciteurs; d'établir des règles pour l'admission dans les carrières publiques, des règles pour l'avancement, des règles pour la garantie des employés, qui ne pourront être révoqués que pour des motifs justes et fondés; des règles, enfin, qui sembleraient dures si nous nous trouvions dans une situation normale, mais qui sont indispensables aujourd'hui, parce que le mal ne peut se guérir qu'à l'aide de remèdes héroïques.

Alors, Messieurs, un ministre ne pourra plus faire ce qu'il a la faculté de faire aujourd'hui, et c'est justement ce qui est cause qu'il est assailli de réclamations de tous les côtés; car alors il pourra répondre : « Il n'y a pas de place vacante, l'emploi que vous sollicitez ne l'est pas»; ou bien, la personne qui le demande ne remplit pas les conditions exigées par la loi, et la reine elle-même ne pourrait le lui accorder. Il faut d'ailleurs de ne pas se laisser influencer par la dureté du remède à employer, car le mal est arrivé aux dernières limites de son intensité. Si nous tardons encore un peu plus à appliquer le remède, alors, Messieurs, il sera inefficace, et en mon âme et conscience, je crois qu'il ne pourra plus rien produire; et pour lors, cette lèpre des employés en disponibilité, cette plaie des prétendants sans qualité ni condition pour remplir les emplois, finira par ébranler l'ordre social. Et cela touche intimement, plus que vous ne le croyez, à la question politique, car c'est un mal qui affecte l'administration, et l'administration réagit à son tour sur la politique (1).

J'ai abusé plus que de raison, plus que je ne le pensais, de la patience du congrès. (Plusieurs voix : Non! non!) — *M. Martinez de la Rosa* : Je demande la parole pour une allusion personnelle.

Ces indications sont le résultat de mes méditations; elles partent du fond de ma conscience. Je n'ai eu qu'un seul but : de les soumettre à l'appréciation du congrès et du gouvernement. Plusieurs des idées que je viens d'émettre ne sont, je l'avoue, ni entièrement neuves ni originales; mais la plupart répondent, je crois, à ce qui est dans la pensée de tout le monde, et je n'ai d'autre prétention que d'avoir interprété ce qui est dans la conscience et dans les sentiments de nous tous.

Messieurs, voilà, tel que je le comprends, le tableau de la situation de notre pays; voilà l'indication de quelques-uns de nos maux et l'esquisse des remèdes les plus urgents qu'on peut leur opposer. Cette situation, il faut l'avouer, ne constitue pas cet état de calme, cet état de tranquillité qui autorise à conclure qu'une société est dans son état normal, dans son assiette naturelle. Non, elle ne sera raffermie sur ses bases que lorsque nous aurons des cortès délibérant au milieu du calme, sans excès, sans abus, sans scandale; des élections autrement faites que nous ne les faisons aujourd'hui ; un congrès de députés qui, par sa composition,

---

(1) Afin de ne pas allonger le discours, on a omis, en traitant ce point, de rappeler les dispositions adoptées sur cette matière en 1852.

Sur la proposition du ministère de cette époque, la reine rendit un décret en date du 18 juin, contre-signée par le président du conseil, établissant des règles générales pour l'admission et l'avancement dans la carrière des emplois publics. Parmi ces règles figuraient les examens et les oppositions; les catégories d'employés étaient déterminées; chaque ministère devait proposer des règlements spéciaux pour l'application à son département des dispositions générales de ce décret, de la façon la plus appropriée à son objet.

Les règlements furent arrêtés en conformité, par le ministère des finances, le 1er octobre suivant, par celui de l'intérieur, le 28, et par celui de grâce et justice, le 31 du même mois de la même année. Ce décret et ces règlements ont été publiés dans la *Gazette officielle* et dans les volumes 56 et 57 de la collection législative, où on peut les consulter.

Il était dit dans le décret général (art. 11), que les dispositions commenceraient à en être en vigueur le 1er octobre de la même année, et c'est ce qui eut lieu en effet, et les divers règlements reçurent leur complète exécution pendant le court intervalle qui s'écoula depuis leur promulgation jusqu'à la retraite de ce ministère, le 11 décembre 1852.

Depuis lors, le décret général et les règlements, sans avoir été abolis, ont cessé de recevoir leur exécution.

On s'était proposé par ce décret de porter remède aux abus fondamentaux, déjà reconnus en 1852, qui résultent de l'instabilité des employés publics, de l'injustice avec laquelle les uns sont renvoyés et les autres conservés, de la protection qu'obtiennent des prétentions illégitimes ou exagérées, du dommage porté au vrai mérite, et au grand détriment qui résulte de toutes ces causes pour le service public; et il était résolu de convertir ce décret en un projet de loi qui aurait consacré les mêmes principes.

Depuis lors, les abus se sont considérablement accrus et ils s'accroissent de jour en jour d'une façon alarmante. A cette époque, le remède n'était pas difficile; aujourd'hui, outre qu'il est de la dernière urgence, il est devenu moins facile; et il faudra qu'il soit énergique et douloureux. Quelque temps encore, et il sera impossible; et la question des employés, des congédiés et des aspirants sera un problème insoluble. L'administration publique sera devenue un vain nom, et la question des employés, une question sociale.

par les qualités de ses membres, acquière cette respectabilité complète et ce haut prestige qui sont indispensables aux assemblées politiques.

Voilà, Messieurs, l'opinion de l'homme que M. Illas y Vidal a gratifié de l'épithète d'absolutiste honteux.

Je crois aussi, et je tiens à le répéter, que la loi sur les employés publics et sur les conditions qu'ils devront remplir, sera d'une grande et salutaire influence ; je crois qu'il faut avoir les yeux fixés sur la classe propriétaire et protéger ses intérêts, car elle est la base de notre société actuelle, et il importe de prévenir et d'éviter les maux qui peuvent la menacer ; je crois enfin que nous devons tous nous unir dans ce but commun, et, par une trêve prudente, nous abstenir de tout ce qui ne s'y rapporte pas directement. Telle est la conduite que nous trace l'intérêt commun de la monarchie, de la société, de la Chambre, du sénat et de nos institutions. Ne l'oublions pas surtout, Messieurs, comme je l'ai dit au commencement de mon discours : en Espagne, dans la monarchique et catholique Espagne et au sein d'une assemblée convoquée par la couronne, on a mis un jour en discussion le trône, la dynastie et l'unité religieuse. Pour nous tous, Messieurs, qui sommes convaincus de la légitimité des droits d'Isabelle II, qui avons prêté serment à son drapeau et qui voulons rester fidèle à notre serment, il n'y a plus rien à ajouter.

Pour ceux qui ne sont pas dans ce cas, j'ajouterai que, en dehors du principe monarchique représenté et symbolisé par la dynastie d'Isabelle II, il n'y a à augurer et à présager pour l'Espagne que le chaos.

Je termine, et voici ma conclusion : en agissant comme je l'ai dit et en nous appliquant de préférence à la solution des questions que je viens de traiter, nous contribuerons à donner à notre pays la situation à laquelle doivent tendre tous nos vœux. Devant cette considération d'un ordre élevé, dans l'espoir d'atteindre un but si désirable, toute autre question de systèmes passés ou présents, d'écoles ou de programmes, doit s'effacer ou disparaître. Ayons le but devant les yeux ; occupons-nous des moyens, le reste sera non-seulement stérile, mais inutile et même nuisible. J'ai dit. »

Rectification en répondant à M. Martinez de la Rosa.

Dans la séance suivante, M. Martinez de la Rosa prit la parole pour répondre à une allusion personnelle. Après avoir parlé de la manière dont M. Bravo Murillo avait qualifié la prétention de ceux qui lui avaient demandé des explications, l'honorable député soutint qu'en dehors des trois circonstances admises par le précédent orateur, et dans lesquelles un homme politique est obligé de faire sa profession de foi, il existe une quatrième position, qui est celle où l'on est appelé à la présidence, comme représentant la majorité du congrès. M. Martinez de la Rosa entra ensuite dans l'appréciation des projets de réforme, et, s'arrêtant à l'article qui proposait de rendre secrètes les séances des cortès, il insista pour obtenir sur ce point des explications catégoriques. M. Bravo Murillo se leva alors pour une rectification, et dit :

M. Bravo Murillo. — Messieurs, je vais seulement faire une rectification.

M. Martinez de la Rosa a commencé par demander des explications au sujet des épithètes *absurde* et *ridicule,* parce que personne n'a le droit d'appliquer ces épithètes à Sa Seigneurie.

Plusieurs députés. — Non, ce n'est pas cela, ce n'est pas cela !

M. Martinez de la Rosa. — J'en demande bien pardon à Sa Seigneurie : je n'ai pas pu dire cela ; ce que j'ai dit, c'est que la question pouvait être absurde et ridicule, mais non la personne.

M. Bravo Murillo. — L'honorable M. Martinez de la Rosa a déclaré que je me trouvais dans l'obligation de donner des explications, de répondre aux questions ou aux exigences qui m'ont été adressées par le seul fait d'avoir été élevé par la majorité à la présidence du congrès. Sa Seigneurie a donné pour raison que c'est là un cas obligatoire tout comme les trois que j'avais indiqués ; ou plutôt que c'est même le troisième cas dont j'ai parlé, celui où l'on est devenu le chef d'une opposition. Je dois répondre à Sa Seigneurie, et je crois pouvoir le faire victorieusement en me servant de ses propres expressions, de ses propres doctrines, de sa propre autorité, qui est grande et respectable.

M. Martinez de la Rosa a dit, il y a deux jours, à la Chambre, qu'il n'y avait aucune nécessité pour un ministère de se retirer ou de se dissoudre, parce qu'il avait éprouvé un échec dans l'un des deux corps législatifs ; que cette théorie de supposer le ministère dans l'obligation ou de se retirer ou de se dissoudre, pouvait même devenir très-dangereuse pour les prérogatives de la couronne. Voilà, je crois, ce que nous avons tous entendu.

Or cette doctrine, je la professe tout comme M. Martinez de la Rosa, et je la professerai maintenant avec bien plus de confiance encore et de certitude, puisque j'aurai maintenant pour moi l'autorité de Sa Seigneurie. Si donc le ministère, présidé par M. Armero, n'était pas dans la nécessité, ni de prononcer ou de proposer la dissolution de la Chambre, ni de se retirer, sur quoi se fonde Sa Seigneurie pour démontrer qu'ayant été nommé président du congrès, je suis tenu à donner des explications ? J'ajouterai que je n'ai point accepté le poste élevé de président de la Chambre dans un sens politique et encore moins comme signe d'opposition au cabinet présidé par le général Armero. J'ai déjà dit aujourd'hui, je l'ai dit en toute franchise, parce que le mensonge n'a jamais souillé mes lèvres ; je l'ai dit de bonne foi, et mes actes eussent été en harmonie avec mes paroles ; j'aurais soutenu le ministère présidé par M. Armero, comme j'ai soutenu celui du duc de Valence, celui du comte de Lucena, s'il avait existé plus longtemps et qu'il eût gouverné suivant les maximes conservatrices. J'ai soutenu et soutiendrai toujours, soit le cabinet actuél, soit tout autre cabinet conservateur qui pourrait lui succéder. Je l'ai déjà dit, je le répète.

Pour moi, Messieurs, en acceptant le poste élevé de président du congrès, je n'ai pas cru un seul instant faire acte d'opposition au cabinet précédent. Si ceux qui m'ont appelé à ce poste ont eu cette intention, c'est ce qu'il ne m'est pas permis de juger, mais je ne le crois pas ; et enfin, s'ils ont eu cette intention, ils se sont trompés. Quoi qu'il en soit, il me semble que c'est aussi employer une argumentation par trop subtile : on peut très-bien m'avoir élevé à ce poste parce que l'on m'a cru, à tort ou à raison, propre à diriger les débats ; il n'y a rien à chercher au delà.

Je dois déclarer que je ne partage en aucune façon la théorie ou la doctrine que vient d'émettre M. Martinez de la Rosa, et que je ne saurais concilier, par ignorance peut-être, avec celle que le même honorable député a développée l'autre jour à propos de l'élection à la présidence du congrès, dont il prétendait faire une désignation, une candidature pour la présidence du futur ministère.

Je ne partage pas cette doctrine ; je la considère comme étant en opposition directe avec les prérogatives de la couronne. Je ne saurais ni l'admettre, ni la professer, pas plus en théorie qu'en pratique.

Si, depuis mon élévation à la présidence du congrès, S. M. la reine m'eût appelé pour me parler du ministère, j'aurais soumis à S. M. les observations que je viens de vous faire, parce que je n'aspirais pas à ce poste ; et si j'avais pu m'imaginer que mon élection à la présidence du congrès fût un échelon obligatoire qui doit nécessairement me conduire à la présidence du cabinet, j'aurais refusé d'une manière absolue. (*Rires.*)

Oui, j'aurais refusé, quoique certains rires que j'observe dans ce moment semblent indiquer un doute, parce que, entre les soucis du ministère et une retraite complète, je préférerais ce dernier parti. Je l'ai déjà dit avec franchise il y a longtemps, et je le répète en ce moment avec la même franchise, qu'on se le tienne pour dit : Si ceux qui m'ont élevé à la présidence ont eu une arrière-pensée, j'en suis fâché ; mais je ne puis pas le croire, et nul ne doit le supposer, parce que lorsqu'ils m'ont choisi comme candidat, il ne m'a été imposé aucune condition. Je le dis à haute voix, Messieurs, et s'il est un seul de ceux qui me firent l'honneur de m'accorder leur vote qui puisse dire autre chose, qu'il prenne la parole.

Il y a eu cependant un journal à Madrid, qui passait et non sans raison, je crois, pour un organe du ministère, qui, après m'avoir, selon sa louable coutume, accablé d'invectives, a soutenu qu'il était indispensable que je parlasse ; je n'ai pas voulu le faire, ou, pour mieux dire, je me suis refusé à donner des explications demandées en de semblables termes, parce que je l'ai jugé au-dessous de ma dignité et de mon amour-propre, auxquels je ne manque jamais ; de même que mon amour-propre et ma dignité me défendent de donner ici de plus amples explications que celles que j'ai données.

Celles que la Chambre vient d'entendre sont, je crois, suffisantes. M. Martinez de la Rosa a trop d'intelligence, trop de talent pour ne pas déduire de mes paroles tout le sens qu'elles comportent. Quant à dire autre chose, quant à donner d'autres explications, surtout du ton et de la manière dont elles ont été demandées, jamais, Messieurs, parce que, je le répète, soit comme député, soit comme particulier, je ne transige jamais avec ma dignité ni avec le respect de moi-même. (Bien ! bien !)

Rectification en réponse à M. Rancès.

Les allusions faites par M. Bravo Murillo, dans la réplique qui précède, à la manière dont un journal avait, suivant son ancienne habitude, apprécié ou qualifié ses actes, motivèrent, à la séance suivante, un discours de M. Rancès, qui, déclarant qu'il avait été, à une autre époque, directeur du journal en question, essaya de justifier les appréciations qu'il avait pu faire, comme publiciste, de l'administration de M. Bravo Murillo, en 1851 et 1852, et rappela, comme preuves à l'appui, quelques-unes des questions qui furent, à cette époque, discutées par la presse. À cette revue rétrospective de M. Rancès, qui n'était qu'une reproduction abrégée d'anciens griefs formulés par l'opposition de cette époque, M. Bravo Murillo répondit en ces termes :

M. Bravo Murillo : Je regrette, Messieurs, de tromper l'attente du congrès, qui s'attendait peut-être à ce que j'allais me disculper, dans ma réponse à M. Rancès, des charges accumulées contre moi, charges dont la Chambre a pu, du reste, apprécier la nature et l'espèce. Je crois que je ne puis, que je ne dois pas le faire, et je ne le ferai pas. Je suis fâché, je le répète, de tromper les espérances du congrès ; mais je vais indiquer les motifs qui me portent à garder le silence.

M. Rancès s'est plaint de ce que, incidemment, j'ai dit, à propos des provocations employées pour me contraindre à parler, que ces provocations provenaient d'un journal de Madrid qui passe, sans que je puisse l'affirmer, pour organe du dernier gouvernement, et qui, selon sa coutume, m'a accablé d'invectives.

Cette expression d'invectives a choqué M. Rancès ; il la trouve injustifiable, et prétend que ce que j'ai qualifié d'invectives n'est que la censure pure et simple, la censure méritée d'actes dont quelques-uns ont été mentionnés par lui, et d'autres qu'il n'a fait que présenter en bloc. Le mot invectives, Messieurs, a un sens que chacun connaît ; quand on parle de quelqu'un et qu'on l'accuse d'une manière injurieuse pour sa personne ; quand on le dénigre, quand on cherche à le vouer au mépris, je crois que tout le monde appelle cela des invectives. Si Messieurs les députés ont lu le *Diario espagnol*, non pas celui du temps où j'étais ministre, c'est-à-dire de l'époque antérieure à septembre 1852, mais celui qui suivit ma sortie des affaires, celui de 1853, 1854, 1855 et 1856, et dernièrement celui du mois de janvier 1858, j'en appelle à leur conscience, et je demande si j'ai eu tort ou raison de dire que ce journal a l'habitude de m'accabler d'invectives.

M. Rancès a rappelé des faits qu'il a cru censurables, que le même journal a censuré, et qui ont été censurés ici ; il nous a parlé d'une liste qu'il avait (et qu'il n'a pas lue cependant), d'infractions aux lois. Je suis ici tout prêt, espérant que M. Rancès, usant de sa prérogative de député, voudra bien m'attaquer sur ce terrain. Qu'il le fasse légalement, comme nos règlements le lui permettent, je suis prêt à lui répondre ; mais quant à toutes ces accusations vagues et générales, je ne répondrai pas un mot, précisément parce que je crois que Sa Seigneurie voudrait que j'y répondisse.

Je ne répondrai pas, Messieurs, parce que répondre, répliquer, même en peu de mots, comme il faudrait le faire, ce serait m'écarter du but que je me suis proposé dans le discours que j'ai eu l'honneur de prononcer ici avant-hier. J'ignore si ce discours atteindra en quoi que ce soit le but que je me suis proposé ; je ne sais si mes paroles auront été favorablement accueillies ; c'est au congrès, à l'appréciation duquel j'ai soumis mes observations, à les juger ; mais ce que je sais, c'est que je suis résolu à ne pas dévier de ce but, et que je crois qu'il ne serait avantageux ni pour mon pays ni pour l'œuvre à laquelle nous travaillons, que je dérogeasse à la ligne de conduite que nous nous sommes tracée, moi et mes collègues du ministère de 1851 et 1852.

M. Santa-Cruz disait, il y a peu de jours, qu'avant d'avoir été ministre j'avais déjà obtenu des triomphes parlementaires. Je ne crois pas que l'expression soit juste, mais il est vrai que j'ai soutenu bien des combats. J'en ai soutenu au forum et à la tribune. Ces luttes, ces combats fatiguent et détruisent les forces. Ceux de Messieurs les députés qui sont au courant de ces luttes, soit pour y avoir assisté, soit pour en avoir eu leur part, peuvent savoir à quel point elles ont dû me fatiguer et m'épuiser ; eh bien, Messieurs, j'en ai soutenu une plus pénible à elle seule que toutes les autres ensemble : cette lutte énorme et pourtant inaperçue, sur laquelle personne peut-être n'a fixé son attention, est celle que j'ai soutenue contre moi-même pendant cinq ans, pour garder le silence. Messieurs les députés croient-ils que je n'aurais pas pu répondre avec plus ou moins de succès à toutes les charges, à toutes les accusations accumulées contre mon administration ? Il n'y a personne qui ose soutenir le contraire, pas même M. Rancès. Il eût été facile de répondre à toutes et à chacune de ces accusations, d'une manière plus ou moins satisfaisante ; il eût été facile de répondre, de parler, d'écrire, personne n'en doute. Mais pour ne pas répondre, mais pour garder ce silence profond pendant cinq ans, quand on est homme d'honneur et de délicatesse, pour souf-frir ces attaques, il nous a fallu soutenir un combat contre nous-même, contre notre conscience, notre délicatesse et notre amour-propre.

Cette lutte que j'ai soutenue, ainsi que mes collègues de 1851 à 1852, pendant cinq ans, lorsque nous aurions pu réfuter les accusations par des raisons puis-santes ; cette lutte, ce sacrifice consenti par nous pour le bien du pays, nous n'irons pas les rendre stériles et nous priver des fruits qu'ils doivent porter, au moment même où nous commençons à les recueillir ; nous n'irons pas, en un mot, rompre aujourd'hui le silence pour réfuter les accusations de M. Rancès.

Nous avons cru et nous croyons encore qu'au-dessus de toutes ces accusations il y a le pays qui juge ; nous avons cru et nous croyons que le pays n'a pas cessé un seul instant, ni alors, ni depuis, de considérer comme honorables les hommes qui firent partie de l'administration de 1851 et 1852. Nous avons administré le pays avec le plus grand zèle possible ; un plus grand, je ne le reconnaîtrai jamais dans personne. Nous avons pu nous tromper ; nous devons nous être trompés plus d'une fois, cela est hors de doute. Mais nous avons toujours pris l'intérêt public pour guide, sans jamais nous laisser détourner par aucun intérêt qui ne pût être hautement avoué. Nous avons toujours pensé que telle était la convic-tion du pays, parce que le pays nous en a donné des preuves. C'est là notre in-time conviction ; le reste nous importe peu. Ce qui importait beaucoup, c'était le sacrifice qu'exigeaient de nous le pays et ses institutions.

PARIS. — IMPRIMERIE CENTRALE DE NAPOLÉON CHAIX ET Cᵉ, 20, RUE BERGÈRE. — 2418